Heinz-Josef Bomanns

Der DATA BECKER Führer

GW-Basic PC-Basic

ISBN 3-89011-404-0

2. leicht veränderte Auflage 1988.

Inhaltsverzeichnis

1. Der GW-/PC-BASIC-Führer

Mit rund 230 Befehlen und Funktionen ist der GW-BASIC-Interpreter der Firma MICROSOFT eines der umfangreichsten Programmier-Werkzeuge, die derzeit für den Personal Computer angeboten werden. In der täglichen Programmier-Praxis stellt sich dem Anwender häufig das Problem, daß er die Syntax und die Parameter für alle Befehle und Funktionen nicht im Kopf hat und auf Literatur zurückgreifen muß, die neben der Syntax und den Parametern noch ausführlich über Bedeutung und Funktion Auskunft gibt. Hier sind also Informationen zu lesen und zu verarbeiten, die in diesem Moment nicht relevant sind.

1.1 Zu GW-/PC-BASIC

An dieser Stelle sei darauf hingewiesen, daß das GW-BASIC je nach Hersteller/Lieferant in verschiedenen Versionen bzw. mit unterschiedlichen Ausstattungsmerkmalen verfügbar ist. Soweit mir diese Unterschiede bekannt sind, werde ich an den entsprechenden Stellen darauf aufmerksam machen. Sollten Sie trotzdem nicht das Ergebnis wie beschrieben erzielen, ziehen Sie das Original-Handbuch zu Rate oder probieren Sie etwas mit den Parametern.

Da der GW-BASIC-Interpreter ein "nicht residentes" Programm ist und somit nach der Beendigung der Arbeit der zuvor belegte Speicherplatz wieder freigegeben wird, kommt es in der Praxis kaum zu Problemen. Lediglich beim Einsatz mit "resident geladenen" Programmen, also Programmen, die nach dem Laden im Speicher verbleiben und ihre Arbeit "im Hintergrund" verrichten, kann es zu Schwierigkeiten kommen. Wenn Ihr Rechner nach dem Aufruf des Interpreters also nicht auf Tastatur-Eingaben reagiert, überprüfen Sie, ob eventuell ein resident geladenes Programm die Wurzel allen Übels ist. Hierbei kann es sich z.B. um einen Tastatur- oder Drucker-Treiber handeln. Möglich wäre auch, daß ein eingesetztes Desktop-Utility wie SideKick der Firma BORLAND oder IBMs TopView zu dem Mißverständnis zwischen Anwender und Rechner beitragen. Oftmals liegt der Fehler auch in mehrmals aufgerufenen residenten Programmen. MSDOS hat den Speicher dann eventuell nicht mehr "richtig im Griff". Im Problemfall entfernen Sie also erstmal alle residenten Programme aus dem Aufruf und probieren Sie ein wenig, welches der Programme weggelassen werden muß.

Der vorliegende Softwareführer soll keine Einführung in die Programmiersprache BASIC sein, sondern vielmehr dem versierten Anwender als schnelles Nachschlagwerk dienen. Es werden deshalb Grundkenntnisse dieser Programmiersprache und das Wissen um den Umgang mit dem Personal Computer - insbesondere mit dem Betriebssystem MS-DOS - vorausgesetzt. Für die Einführung in GW-/PC-BASIC und MS-/PC-DOS finden Sie im DATA BECKER Buchprogramm interessante Werke.

1.2 Zur Handhabung dieses Führers

Bei der Syntax-Beschreibung werden folgende Zeichen und Platzhalter verwendet:

[] Optionale Parameter sind in eckigen Klammern eingeschlossen. Diese Angaben können angegeben werden, sind aber zur Funktion des Befehls nicht zwingend nötig.

<abc> Das Kleiner- und Größer-Zeichen wird verwendet, um Parameternamen zu kennzeichnen. Diese Zeichen dürfen nicht mit eingegeben werden. Sie dienen nur dazu, die Parameternamen deutlich abzugrenzen.

| Der senkrechte Strich trennt zwei verschiedene mögliche Parameter voneinander. Wahlweise einer der beiden Parameter kann bei der Befehlseingabe verwendet werden.

Die bei Parametern anzugebenden numerischen Werte können im allgemeinen ohne besonderes Vorzeichen dezimal, mit dem Präfix &H hexadezimal oder mit dem Vorzeichen &O als Oktalwert vorgegeben werden.

Für alle Parameter werden von GW-/PC-BASIC Standardwerte bzw. der zuletzt gesetzte Wert eingesetzt, wenn bei den Parametern keine Werte angegeben werden. Sie müssen jedoch anstelle des Parameters ein Komma ohne Parameter angeben. Als Werte für Parameter können auch die Ergebnisse von Funktionen eingesetzt werden, solange deren Ergebnis dem erwarteten Datentyp entspricht.

2. Befehle und Funktionen - Übersicht

Alle verfügbaren Befehle und Funktionen sind nach Aufgabengebieten zusammengefaßt und geben in erster Linie Auskunft über die Syntax und die anzugebenden Parameter. Wer mehr wissen will, findet auf derselben Seite zu jedem Befehl und zu jeder Funktion kurze Hinweise zur Anwendung sowie Tips und Tricks aus der Praxis. Die Suche nach der gewünschten Information wird durch das umfangreiche Stichwortverzeichnis und die Quick-Refeference auf ein Minimum verkürzt.

GW-BASIC starten

Editierbefehle

Konstanten und Variablen

Bildschirmaufbau

Ausgabe auf Bildschirm

Eingabe über Tastatur

Zeichenketten-Funktionen

Mathematische Funktionen

Erweiterte math. Funktionen

Datentypen konvertieren

Daten vergleichen

Programmtechnik

Dateiverwaltung

GW-BASIC und MS-DOS

Assemblerroutinen

Light-Pen, Joystick und Maus

2.1 GW-BASIC starten

GWBASIC **Aufruf**

GWBASIC [<Dateispez>] [< <STDIN>] [>[>]<STDOUT>] [/C:<Puffer>] [/D] [/F:<Dateien>] [/M:[<Adresse>][<Blöcke>]] [/S:<Puffer>] [/I]

Aufruf des GW-BASIC Interpreters von der MS-DOS-Ebene aus.

<Dateispez>

Wenn hier der Name eines ausführbaren BASIC-Programmes angegeben ist, so wird dieses Programm nach dem Laden des Interpreters automatisch geladen und ausgeführt.

< <STDIN>

Nach dem Aufruf des Interpreters werden die Eingaben normalerweise von der Tastatur erwartet. Wenn Sie für <STDIN> einen Dateinamen angeben, so werden die Eingaben statt von der Tastatur aus dieser ASCII-Datei erwartet. Dazu müssen in der Datei alle in Frage kommenden Tastendrücke für die Programmsteuerung gespeichert sein. Auf diese Art lassen sich BASIC-Programme z.B. innerhalb von BATCH-Dateien ausführen. Eine ausführliche Erläuterung finden Sie im MS-/PC-DOS-Handbuch unter "Ein-/Ausgabe-Umleitung" bzw. "Redi-rection".

> [>] <STDOUT>

Nach dem Aufruf des Interpreters erfolgt die Anzeige normalerweise auf dem Bildschirm. Wenn Sie für <STDOUT> einen Dateinamen angeben, so wird die Anzeige in dieser Datei im ASCII-Format gespeichert. Dadurch lassen sich z.B. Eingabe-Masken für die spätere

Einbindung in eine Textdatei generieren. Wenn Sie vor dem Dateinamen zwei spitze Klammern angeben (>>) und die Datei ist bereits vorhanden, so wird die Ausgabe hinten angehängt.

/C:<Puffergröße>

Hiermit wird für die V.24/RS-232-Schnittstelle ein Puffer für die Datenübertragung reserviert. Als Standardwert setzt GW-BASIC eine <Puffergröße> von 256 Bytes ein. Maximal 32767 Bytes können für <Puffergröße> angegeben werden.

8/D Durch diesen Schalter veranlassen Sie GW-BASIC, die Berechnung einiger mathematischer Funktionen mit doppelter Genauigkeit durchzuführen.

/F:<Max_Dateien>

Legt die maximale Anzahl der möglicherweise gleichzeitig im Zugriff stehenden Dateien fest. GW-BASIC benötigt hiervon 4 Dateien für sich selbst. <Max_Dateien> richtet sich nach der Eintragung in CONFIG.SYS. Sind hier z.B. files= 10 angegeben, so verbleiben für Ihre Anwendung noch 6 Dateien.

/M:<Adresse>,<Blöcke>

GW-BASIC kann 64 KB mit Daten und Stack verwalten. Wenn Sie hiervon Platz für Assembler-Routinen benötigen, muß mit <Adresse> die höchste, für GW-BASIC zur Verfügung stehende Speicheradresse festgelegt werden, damit die Assembler Routinen nicht von Daten etc. überschrieben werden. Hinter <Adresse> werden dann die Routinen abgelegt. Benötigen Sie mehr als 64 KB für GW-BASIC und Routinen, geben Sie dies durch den Parameter <Blöcke> bekannt. /M:,&H1010 reserviert z.B. 64 KB für GW-BASIC (1000H=4096*16) und 256 Bytes (10H=16*16) für Routinen. Die Anzahl der reservierten

Bytes errechnet sich nach <Blöcke>*16. Wenn Sie mit dem Befehl SHELL arbeiten, ist es ratsam, für die aufzurufenden Programme den notwendigen Speicherplatz ebenfalls mit <Blöcke> zu reservieren.

/S:<Puffergröße>

Bei der Arbeit mit RANDOM-Dateien wird für die Übertragung der Daten zwischen Diskette und Programm ein Puffer benötigt. Als Standardwert gibt GW-BASIC hier 128 Bytes vor. Sie können die Größe des Puffers mit maximal 32767 Bytes vorgeben.

/I — Mit diesem Schalter veranlassen Sie, daß der für die Schalter /F und /S benötigte Speicherplatz sofort nach dem Aufruf reserviert wird. Ohne /I wird der für Programm und Daten zur Verfügung stehende Speicherplatz mit den Puffern geteilt, so daß es bei einem Dateizugriff unter Umständen zu einem OUT OF MEMORY kommen kann.

Hinweis: Die Parameter < <STDIN>, >[>] <STDOUT> und /I stehen je nach Implementation nur bei einigen GW-/PC-BASIC-Versionen zur Verfügung.

2.2 Editierbefehle

AUTO **Automatische Zeilennumerierung**

AUTO [<Startzeile>|.] [,<Schrittweite>]

Durch den Befehl AUTO wird die automatische Vorgabe von Zeilennummern während der Programmeingabe eingeleitet. AUTO wird durch Drücken der Tasten <CTRL>-<C> oder <CTRL>-<BREAK> beendet.

<Startzeile>

Bezeichnet die Zeile, die als erste automatisch ausgegeben werden soll. Wenn Ihr Programm als erste Zeile mit 10 beginnen soll, so geben Sie hier die 10als Startzeile an. Standardwert ist 0.

.

Dem Punkt kommt bei GW-BASIC eine besondere Bedeutung zu, da dieser stellvertretend für die zuletzt bearbeitete Zeile eingesetzt werden kann. Soll die Numerierung also mit der zuletzt bearbeiteten Zeile beginnen, brauchen Sie nur den Punkt (.) anzugeben.

<Schrittweite>

gibt den Abstand zwischen den auszugebenden Zeilenummern an. Möchten Sie also die Folge 100, 110, 120, 130 usw. ausgegeben haben, so geben Sie hier 10 als Schrittweite an. Standardwert ist 10.

Wenn die vorgegebene Zeilennummer bereits im Programm existiert, setzt GW-BASIC einen Stern (*) hinter die Zeilennummer, um Sie darauf aufmerksam zu machen. Drücken Sie dann <CR>, so wird die bestehende Zeile unverändert gelassen. Nach der Eingabe von Programmtext und Übernahme mit <CR> tritt die neu eingegebene Zeile an Stelle der bestehenden.

CLEAR [,<Adresse>] [,<Stack>]

Löscht den GW-BASIC-Datenspeicher, alle Dimensionierungen und Definitionen von Variablen, die durch COMMON festgelegten Variablenbereiche und schließt alle Dateien. Außerdem kann die höchste für GW-BASIC zur Verfügung stehende Speicheradresse und der STACK neu definiert werden.

<Adresse> Wenn Sie Assemblerroutinen einbinden möchten, muß hierfür Platz reserviert werden, damit die Routinen im Speicher nicht überschrieben werden. Geben Sie hier die Adresse an, bis zu der GW-BASIC Daten speichern soll. Hinter dieser Adresse steht Ihnen dann reservierter Platz für Assemblerroutinen zur Verfügung. Der Standardwert ist der maximal verfügbare Datenspeicher (abhängig vom Arbeits-/Hauptspeicher).

<Stack> GW-BASIC reserviert sich einen Bereich von 128 Bytes für den Stack. Wenn dieser Stack über das Normalmaß hinaus (viele GOSUB..RETURN, verschachtelte Schleifen, umfangreiche Grafiken etc.) belastet wird, kann es zu einem OUT OF MEMORY kommen. In diesem Fall sollten Sie den Stack größer wählen.

Die Größe des Stack kann beliebig oft geändert werden. Eine einmal gesetzte höchste Speicheradresse kann nur durch den nochmaligen Aufruf des Interpreters geändert werden.

CONT — Programmfortführung

CONT

CONT führt nach einer durch STOP veranlaßten Programmunterbrechung das Programm weiter aus.

CONT kann nicht nach einer Fehlermeldung oder nach der Änderung einer Programmzeile oder eines Variableninhaltes eingesetzt werden.

DELETE — Zeilenbereiche löschen

DELETE [<von_Zeile>|.]-[<bis_Zeile>|.]

Löschen eines Zeilenbereiches oder einzelner Zeilen im Programm.

<von_Zeile>

Geben Sie hier die Zeile an, mit der der zu löschende Bereich beginnt.

<bis_Zeile>

Kennzeichnet die letzte Zeile des Bereiches, der gelöscht werden soll.

- Der Bindestrich steht als Trennzeichen zwischen <von_Zeile> und <bis_Zeile>, wenn beide Parameter angegeben werden. Steht der Bindestrich hinter <von_Zeile> ohne weitere Parameter, so wird das Programm bis zum Ende gelöscht. Steht der Bindestrich vor <bis_Zeile>, so wird das Programm vom Anfang bis <bis_Zeile> gelöscht.

. Der Punkt kann für die zuletzt bearbeitete Programmzeile eingesetzt werden.

Bitte beachten Sie, daß die Zeilennummern innerhalb des zu löschenden Bereiches nicht das Sprungziel eines ON ERROR GOTO, GOTO, GOSUB, ON X GOTO/GOSUB etc. sein dürfen, da sonst eine Fehlermeldung (Undefined line number) im Programm-Modus ausgegeben wird.

EDIT — Zeilen editieren

EDIT [<Zeilennummer>|.]

Aufruf einer Programmzeile für Änderungen oder Korrekturen. Dieser Befehl wird aus Kompatibilitätsgründen zu einigen älteren Interpretern eingesetzt, die nicht wie GW-BASIC bildschirmorientiert arbeiten.

<Zeilennummer>

Bezeichnet die Programmzeile, an der Änderungen oder Korrekturen vorzunehmen sind.

.

Der Punkt kann für die zuletzt bearbeitete Zeile eingesetzt werden.

FILES — Directory anzeigen

FILES [<Dateispez>]

Mit FILES wird ein Directory im MS-DOS /W-Format angezeigt.

<Dateispez>

Hierbei handelt es sich um eine den MS-DOS Konventionen entprechende Dateispezifikation bestehend aus Laufwerk, Pfad und Dateiname oderauch nur Teilen davon. Der Dateiname kann die Wildcards (Joker) "*" und "?" enthalten.

FRE(0)/FRE("") — Freien Speicher ermitteln

FRE(0) oder **FRE("")**

FRE(0) gibt den noch freien Arbeitsspeicher in Bytes aus, FRE("") erzwingt eine Carbage Collection zur Bereinigung des Stringspeichers.

GOTO — Programm ab Zeile "x" ausführen

GOTO <Startzeile>|.

Ausführung des im Speicher befindlichen Programmes ab Startzeile. Variablen werden nicht auf 0 gesetzt.

<Startzeile>

Geben Sie hier die Zeile an, ab der das Programm ausgeführt werden soll.

. Der Punkt kann für die zuletzt bearbeitete Zeile eingesetzt werden.

KEY — Tastenbelegung ein-/ausschalten

KEY {ON|OFF}

Ein-/Ausschalten der Funktionstasten-Anzeige in der 25. Bildschirmzeile.

ON Schaltet die Anzeige ein.

OFF Schaltet die Anzeige aus.

KEY — Funktionstasten-Belegung

KEY <Nummer>,<Text>

Ändern der Belegung der Funktionstasten.

<Nummer> Hier geben Sie die Nummer der Funktionstaste an, die Sie belegen möchten. Mögliche Werte sind 1 bis 10.

<Text> Hier geben Sie den Text, der beim Drücken der Funktionstaste ausgegeben werden soll, als Stringkonstante oder Stringvariable an.

Die Belegung kann um notwendige Steuertasten ergänzt werden, indem der ASCII-Code für die betreffende Taste per CHR$ angehängt wird:

```
KEY 1,"FILES A:*.BAS"+CHR$(13)
```

KEY LIST — Funktionstasten-Belegung anzeigen

KEY LIST

Anzeige der momentanen Belegung der Funktionstasten.

LIST/LLIST — Listing ausgeben

[L]LIST [<von_Zeile>|.]-[<bis_Zeile>|.]

Ausgabe eines Programmlistings oder Teilen davon auf den Bildschirm oder den an der parallelen Schnittstelle angeschlossenen Drucker.

<von_Zeile>

Gibt an, ab welcher Zeile das Listing ausgegeben werden soll.

<bis_Zeile>

Kennzeichnet die Zeile, bis zu der das Listing ausgegeben werden soll.

-

Der Bindestrich steht als Trennzeichen zwischen <von_Zeile> und <bis_Zeile>, wenn beide Parameter angegeben werden. Steht der Bindestrich hinter <von_Zeile> ohne weitere Parameter, so wird das Listing bis zum Ende ausgegeben. Steht der Bindestrich vor <bis_Zeile>, so wird das Listing vom Anfang bis <bis_Zeile> ausgegeben.

.

Der Punkt kann für die zuletzt bearbeitete Zeile eingesetzt werden.

Bei Ausgabe auf den Drucker mit LLIST muß der Drucker an der parallelen (CENTRONICS) Schnittstelle LPT1 angeschloßen sein. Wenn Sie den Drucker an der V.24/RS 232-Schnittstelle oder an einem anderen Port als LPT1 angeschlossen haben, so müssen Sie vor dem Aufruf des Interpreters auf MS-DOS-Ebene mit dem MODE-Befehl die Umleitung z.B. so bekannt geben:

MODE LPT1:=COM1

LOAD — Programm laden

LOAD <Dateispez> [,R]

Ausführung eines NEW und Laden eines Programmes in den Arbeitsspeicher.

<Dateispez>

Hierbei handelt es sich um eine den MS-DOS Konventionen entprechende Dateispezifikation bestehend aus Laufwerk, Pfad und Dateiname oder auch nur Teilen davon. Wenn keine Erweiterung im Dateinamen angegeben ist, setzt GW-BASIC automatisch ".BAS" ein.

R Wenn Sie den Parameter R angeben, so wird das Programm nach dem Laden sofort ausgeführt, andernfalls befindet GW-BASIC sich nach dem Laden im Direktmodus.

MERGE — Programm-Module verbinden

MERGE <Dateispez>

Verknüpfung des im Arbeitsspeicher befindlichen Programmes mit einem anderen Programm oder einem Programm-Modul.

<Dateispez>

Hierbei handelt es sich um eine den MS-DOS Konventionen entprechende Dateispezifikation bestehend aus Laufwerk, Pfad und Dateiname oder auch nur Teilen davon. Wenn keine Erweiterung im Dateinamen angegeben ist, setzt GW-BASIC automatisch ".BAS" ein.

MERGE geht folgendermaßen vor: eine im Speicher befindliche Zeile wird bei gleicher Zeilennummer durch die geladene Zeile ersetzt. Existiert die Zeile im Speicher nicht, wird die geladene Zeile entsprechend ihrer Zeilennummer in das im Speicher befindliche Programm eingefügt. Bei größeren Programm-Modulen kann MERGE etwas mehr Zeit brauchen, hier gilt: mühsam nährt sich das Eichhorn!

NEW **Speicher löschen**

NEW

Vorbereitung des Arbeitsspeichers für die Eingabe eines neuen Programmes. Alle Daten, Variablen und internen Zeiger werden auf 0 gesetzt.

REM **Kommentar im Programm**

REM oder **'**

Kennzeichnet eine Zeile als Kommentarzeile, alle folgenden Zeichen werden bei der Ausführung nicht beachtet.

Sie können sowohl das Wort REM als auch das Apostroph (') einsetzen. Nach dem REM dürfen keine weiteren Anweisungen mehr in der Zeile stehen, da diese als Kommentar überlesen werden und so nicht zur Ausführung kommen.

RENUM **Zeilenbereiche neu numerieren**

RENUM [<neue_Startzeile>|.] [,<alte_Startzeile>|.] [,<Schrittweite>]

Befehl zur Neunumerierung des gesamten Programmes oder von Programmteilen.

<neue_Startzeile>

Geben Sie hier an, mit welcher neuen Zeilennummer das Programm oder der Programmteil beginnen soll. Standardwert ist die Zeile 10

<alte_Startzeile>

Kennzeichnet die Zeile im Programm, bei der mit der Neunumerierung begonnen werden soll.

Standardwert ist die erste Zeile des Programmes.

<Schrittweite>

Gibt an, in welchen Abständen die neue Numerierung erfolgen soll. Standardwert ist 10.

. Der Punkt kann für die zuletzt bearbeitete Zeile eingesetzt werden.

RENUM berücksichtigt auch Sprungziele von ON ERROR GOTO, GOTO, GOSUB etc., eine Ausnahme bildet hier aber die Abfrage mit IF..THEN der Systemvariablen ERL, die Auskunft über die Zeile gibt, in der ein Fehler aufgetreten ist. Die folgende Abfrage wird von RENUM nicht berücksichtigt:

```
20 IF 1230=ERL THEN Anweisung
```

Folgende Abfrage dagegen wird von RENUM korrekt behandelt:

```
20 IF ERL=1230 THEN Anweisung
```

RUN — Programm ab Zeile X starten

RUN [<Startzeile>|.]

Ausführen eines im Speicher befindlichen Programmes ab einer bestimmten Zeile. Vorher werden alle Zeiger und Variablen auf 0 gesetzt.

<Startzeile>

Geben Sie hier an, ab welcher Zeile das Programm ausgeführt werden soll.

. Der Punkt kann für die zuletzt bearbeitete Zeile angegeben werden.

RUN — Programm laden und ausführen

RUN <Dateispez> [,R]

Ausführung eines NEW, anschließend Laden und Ausführen eines Programmes.

<Dateispez>

Hierbei handelt es sich um eine den MS-DOS Konventionen entprechende Dateispezifikation bestehend aus Laufwerk, Pfad und Dateiname oder auch nur Teilen davon. Wenn keine Erweiterung im Dateinamen angegeben ist, setzt GW-BASIC automatisch ".BAS" ein.

R Alle offenen Dateien bleiben geöffnet, andernfalls schließt RUN alle offenen Dateien.

SAVE — Programm speichern

SAVE <Dateispez> [,A |,P]

Sichern eines im Arbeitsspeicher befindlichen Programmes auf Diskette oder Festplatte.

<Dateispez>

Hierbei handelt es sich um eine den MS-DOS Konventionen entprechende Dateispezifikation bestehend aus Laufwerk, Pfad und Dateiname oder auch nur Teilen davon. Wenn keine Erweiterung im Dateinamen angegeben ist, setzt GW-BASIC automatisch ".BAS" ein.

A Durch diesen Parameter wird GW-BASIC veranlaßt, das Programm im ASCII-Modus zu speichern. Dies ist z.B. für die spätere Verarbeitung durch einen Compiler notwendig. Andernfalls wird das Programm in komprimierter

Form gespeichert, wobei für Befehle und Funktionen sogenannte "Token" (Schlüsselzahlen) gespeichert werden.

P Dieser Parameter veranlaßt GW-BASIC, das Programm als geschützte (Protected) Datei zu speichern. Nach dem Laden eines solchen Programmes kann dieses nicht gelistet oder geändert werden.

Wenn bereits eine Datei mit dem gleichen Namen besteht, so wird diese Datei von SAVE ohne Warnung überschrieben!

STOP — Programmunterbrechen

STOP

Unterbrechung des Programmes an einer beliebigen Stelle.

GW-BASIC unterbricht das Programm und gibt folgende Meldung aus:

```
BREAK IN <Zeilennummer>
```

<Zeilennummer>

gibt hierbei an, in welcher Zeile das STOP gefunden wurde. Sofern keine Änderungen an Pro-grammzeilen vorgenommen, sondern nur Variableninhalte geprüft wurden, kann das Programm an-schließend mit CONT fortgeführt werden.

SYSTEM — GW-BASIC beenden

SYSTEM

Rückkehr aus dem Interpreter zur MS-DOS-Befehlsebene.

GW-BASIC gibt keinen Hinweis auf ein eventuell noch nicht gespeichertes Programm aus.

TRON/TROFF — Programmablauf überprüfen

TRON | TROFF

Ein-/Ausschalten der TRACE-Funktion für die schrittweise Abarbeitung des Programmes. Hierbei wird die momentan bearbeitete Zeile angezeigt.

2.3 Konstanten und Variablen

DEFXXX — Globale Typendefinition

DEFINT <von> - <bis>
DEFSNG <von> - <bis>
DEFDBL <von> - <bis>
DEFSTR <von> - <bis>

Mehrere Variablen können unter einer globalen Typendefinition einem bestimmten Datentyp zugeordnet werden. Die Zusammenfassung der Variablen erfolgt hierbei anhand des ersten Buchstabens des Variablennamens.

DEFINT definiert den Datentyp INTEGER.

DEFSNG definiert den Datentyp Real einfache Genauigkeit.

DEFDBL definiert den Datentyp Real doppelte Genauigkeit.

DEFSTR definiert den Datentyp STRING.

<von> Gibt den ersten Buchstaben an, ab dem die globale Definition gelten soll.

<bis> Gibt den letzten Buchstaben an, bis zu dem einschließlich die globale Definition gelten soll.

DIM — Arrays dimensionieren

DIM <Variablenname> [,<Zeilen>,] <Spalten> [,<Tiefe>]

Reservierung von Speicherplatz für ein- oder mehrdimensionale Arrays, die mit einem Index größer 10 arbeiten.

<Variablenname>

Geben Sie hier den Namen des zu dimensionierenden Arrays an. Bei numerischen Arrays kann dem Variablennamen eines der Typkennzeichen %, ! oder # angehängt werden, bei einem Stringarray muß das Kennzeichen $ dem Variablennamen folgen.

<Zeilen> Bei mehrdimensionalen Arrays wird hiermit angegeben, wieviel Zeilen für das Array vorgesehen sind. Bei eindimensionalen Arrays entfällt dieser Parameter.

<Spalten> Bei mehrdimensionalen Arrays wird hiermit angegeben, wieviel Spalten pro Zeile für das Array vorgesehen sind. Bei eindimensionalen Arrays wird nur dieser Parameter benötigt.

<Tiefe> Bei mehrdimensionalen Arrays wird hiermit angegeben, wie tief die Schachtelung der Zeilen/Spalten für das Array vorgesehen ist. Bei eindimensionalen Arrays entfällt dieser Parameter.

ERASE **Dimensionierung löschen**

ERASE <Variable> [,<Variable>...]

Löschen einer oder mehrerer Dimensionierungen von Arrays.

<Variable> Geben Sie hier den oder die Variablennamen der Arrays an, deren Dimensionierung gelöscht werden soll.

LET — Variablen initialisieren

LET <Variable> = <Wert>

Zuweisung eines Wertes an eine Variable.

<Variable>	Hier kann jeder beliebige Variablentyp einschließlich der Felder eines Arrays angegeben werden.
<Wert>	Geben Sie hier den Wert an, den die Variable aufnehmen soll. Der Wert muß dem Typ der Variablen entsprechen.

In GW-BASIC kann das Wort LET bei der Zuweisung weggelassen werden.

OPTION BASE — Indizierungsgrenze festlegen

OPTION BASE 0|1

Legt die untere Grenze der Indizierung bei Arrays global auf 0 oder 1 fest.

0	Alle Arrays des Programmes können ab Index 0 indiziert werden.
1	Alle Arrays des Programmes können ab Index 1 indiziert werden.

SWAP — Variableninhalte tauschen

SWAP <Variable_1>, <Variable_2>

Tauscht den Inhalt zweier Variablen gleichen Datentyps gegeneinander aus.

<Variable_1>, <Variable_2>

Bei den Variablen muß es sich um Variablen des gleichen Datentyps handeln. Felder eines Arrays können angegeben werden.

READ..DATA — Programminterne Tabellen

FOR I= 1 to 12
READ <Variable> [,<Variable>...]
DATA "Text" | Wert
NEXT I

Anlegen und Auslesen einer programminternen Tabelle.

<Variable> Hier kann jeder beliebige Variablentyp angegeben werden. Die Daten in den DATA-Zeilen müssen dem Datentyp der Variablen entsprechen. Einem READ können mehrere Variablen folgen.

"Text" Wert

Geben Sie hier die Daten an, die den Variablen zu-gewiesen werden sollen. Die Daten müssen dem Datentyp der Variablen entsprechen. Die Trennung der einzelnen Daten erfolgt durch das Komma (,). STRINGs müssen in Anführungszeichen (") eingeschlossen sein. Numerische Werte sind nur durch die Kommata abgegrenzt. Innerhalb der DATA-Zeile können unterschiedliche Datentypen angegeben werden. Hinter dem letzten Datum in einer DATA-Zeile darf kein Komma stehen!

RESTORE — DATA-Zeiger setzen

RESTORE <Zeilennummer>

Setzen des DATA-Zeigers vor einem READ auf eine bestimmte Zeile.

<Zeilennummer>

Geben Sie hier die Zeilennummer der DATA-Zeile an, die das erste einzulesende Datum enthält. Wenn keine Zeilennummer angegeben ist, wird der Zeiger auf die erste DATA-Zeile des Programmes gesetzt.

2.4 Bildschirmaufbau

CLS — Bildschirm löschen

CLS

Löschen des Bildschirms und Positionierung des Cursors in die linke obere Bildschirmecke.

COLOR — Text-/Hintergrundfarbe festlegen

COLOR [<Textfarbe>] [,<Hintergrundfarbe>]

Festlegen der Text- und Hintergrundfarbe für die Bildschirmanzeige.

<Textfarbe>

Legt fest, in welcher Farbe die Buchstaben und Zeichen auf dem Bildschirm erscheinen. Geben Sie hier einen Wert von 0 bis 15 gemäß untenstehender Tabelle an.

<Hintergrundfarbe>

Legt fest, welche Farbe der Hintergrund hat, auf dem der Text dargestellt wird. Geben Sie hier einen Wert von 0 bis 7 gemäß untenstehender Tabelle an.

Farbmonitor

Wenn Sie einen Farbmonitor und eine normale CGA-Karte besitzen, können die Hintergrundfarben nur von 0 bis 7 gewählt werden. Bei Einsatz einer EGA-Karte mit entsprechendem Monitor können Sie die Hintergrundfarben mit einem Wert zwischen 0 und 15 angeben.

Composite-Monitor

Hier werden die gewählten Farben je nach Qualität des Monitors in Rasterungen oder als Grauabstufungen dargestellt. Einige Farben sind deshalb nicht lesbar. Hier hilft nur probieren.

Monochrom-Monitor

Hier sind keine Farben, sondern nur die Attribute

Normal	(COLOR 7,0)
Doppelte Helligkeit	(COLOR 15,0)
Unterstrichen	(COLOR 1,0)
Invers	(COLOR 0,7)
Blinkend	(COLOR 31,0)

darstellbar. Auch hier sollten Sie ein wenig probieren, welche der Attribute in Ihren Programmen eingesetzt werden können.

Farbtabelle

Farbwert	Farbe
0	Schwarz
1	Blau
2	Grün
3	Türkis/Cyan
4	Rot
5	Purpur/Magenta
6	Braun
7	Hellgrau
8	Dunkelgrau
9	Hellblau
10	Hellgrün
11	Helltürkis/Hellcyan
12	Hellrot
13	Hellpurpur/Hellmagenta
14	Gelb
15	Weiß

Die Addition des Wertes 16 zur Textfarbe ermöglicht eine blinkende Darstellung z.B. für Fehlermeldungen.

CSRLIN

Cursorzeile ermitteln

X=CSRLIN

Ermitteln der Zeile, in der sich der Cursor momentan befindet.

Wenn die Bildschirmgrenzen mit VIEW PRINT geändert wurden, so liefert CSRLIN als Ergebnis die aktuelle Zeile innerhalb des Fensters.

LOCATE

Cursor positionieren

LOCATE [<Zeile>] [,<Spalte>] [,<An_Aus>] [,<von_Zeile>] [,<bis_Zeile>]

Positionierung des Cursors auf dem Bildschirm, an-/ausschalten des Cursors und festlegen der Cursorform.

<Zeile>, <Spalte>

Hiermit geben Sie an, in welche Zeile des Bildschirms und welche Spalte innerhalb der Zeile der Cursor positioniert werden soll. Zeile kann einen Wert von 1 bis 25 haben. Spalte kann abhängig von dem mit WIDTH gesetzten Grenzen einen Wert von 1 bis 80 bzw. von 1 bis 40 haben.

<An_Aus> Mit diesem Parameter legen Sie fest, ob der Cursor eingeschaltet (1) oder ausgeschaltet (0) sein soll.

<von_Zeile><bis_Zeile>

Der Cursor kann auf verschiedene Weise dargestellt, werden. Je nach eingesetzter Videokarte wird der Cursor aus mehreren Rasterzeilen zusammengesetzt. Die oberste Zeile ist hierbei 0, die maximal einsetzbare unterste Zeile ist 31. Entscheidend ist hier letztendlich, in welcher Matrix die Videokarte die Buchstaben darstellt:

```
Farb- und Composite-Monitor:       0 bis 7,
Matrix = 8x8. Monochrom-Monitor:   0 bis 31,
Matrix je nach Karte verschieden.
```

PCOPY Bildschirmseiten kopieren

PCOPY <VonSeite>,<NachSeite>

Mit PCOPY können bei Grafikkarten, die mehrere Bildschirmseiten unterstützen, Bildschirminhalte von einer Seite auf eine andere kopiert werden.

<VonSeite>

Geben Sie hier an, von welcher Bildschirmseite der Inhalt kopiert werden soll.

<NachSeite>

Geben Sie hier an, auf welche Seite der Inhalt <VonSeite> kopiert werden soll.

Für <Von/NachSeite> können abhängig von der Grafikkarte Werte zwischen 0 und 7 angegeben werden:

```
CGA-Karte 80 Zeichen/Zeile= 4 Seiten (0-3)
CGA-Karte 40 Zeichen/Zeile= 8 Seiten (0-7)
EGA-Karte je nach Aufrüstung bis 8 Seiten (0-7)
```

Hinweis: siehe auch SCREEN-Befehl.

POS(0) — Cursorspalte ermitteln

X=POS(0)

Ermitteln der momentanen Spaltenposition des Cursors.

SCREEN — Bildschirmseite wählen

SCREEN [<Modus>] [,<Farbe>] [,<Ausgabeseite>] [,<Anzeigeseite>]

Festlegen des Textmodus und der Textfarben, wählen der Ausgabe-/Anzeige-Bildschirmseite.

<Modus> Legt fest, in welcher Betriebsart der Bildschirm aktiv ist:

0	Textmodus	80*25 oder 40*25
1	Grafikmodus	320*200 Punkte
2	Grafikmodus	640*200 Punkte
3	Grafikmodus	für spezielle Karten

<Farbe> Bei 1 bleiben die mit COLOR gesetzten Farben aktuell, bei 0 wird die Textfarbe auf den Wert 7 (Hellgrau) und der Hintergrund auf den Wert 0 (Schwarz) gesetzt.

<Ausgabeseite>

Legt fest, auf welche Seite der Text ausgegeben wird. Bei 80*25 Zeichen/Zeile stehen vier (0 bis 3) und bei 40*25 Zeichen/Zeile acht Seiten (0 bis 7) zur Verfügung.

<Anzeigeseite>

Legt fest, welche Seite angezeigt wird. Bei 80*25 Zeichen/Zeile stehen vier (0 bis 3) und bei 40*25 Zeichen/Zeile acht Seiten (0 bis 7) zur Verfügung.

Die Wahl der Anzeige- und Ausgabeseite ist nur bei einer Videokarte möglich, die diesen Modus unterstützt. In der Regel sind dies alle Farbgrafik-Karten. Bei Monochrom-Karten schauen Sie bitte in's Handbuch des PCs, ob dieser Modus unterstützt wird.

SCREEN — Zeichen und Attribut ermitteln

X=SCREEN(<Zeile>,<Spalte>[,0|1])

Ermitteln des ASCII-Codes bzw. des Attributes eines auf dem Bildschirm dargestellten Zeichens.

<Zeile>,<Spalte>

Hier geben Sie die Koordinaten des Zeichens auf dem Bildschirm an. Je nach festgelegter WIDTH kann Spalte einen Wert zwischen 1 und 80 bzw. 40 haben.

0|1

Wenn Sie hier 0 angeben, liefert SCREEN als Ergebnis den ASCII-Code des betreffenden Zeichens, bei 1 wird das Darstellungsattribut des betreffenden Zeichens als Ergebnis geliefert.

VIEW PRINT — Textfenster einrichten

VIEW PRINT <von_Zeile> TO <bis_Zeile>

Definition eines Textfensters.

<von_Zeile>,<bis_Zeile>

Als Textfenster können nur Bereiche bestehend aus ganzen Zeilen definiert werden. Geben Sie hier also die erste Zeile des Bereiches als <von_Zeile> und die letzte Zeile des Bereiches als <bis_Zeile> an.

WIDTH **Festlegen Anzahl Zeichen/Zeile**

WIDTH <Anzahl_Zeichen>

Festlegen der Zahl der Zeichen pro Zeile für die Bildschirmausgabe.

<Anzahl_Zeichen>

Hier können Sie entweder 40 für vierzig Zeichen pro Zeile oder 80 für achtzig Zeichen pro Zeile angeben.

WIDTH löscht automatisch den gesamten Bildschirm vor der Umschaltung. Es ist immer nur ein Modus zur Zeit möglich.

2.5 Ausgabe auf Bildschirm

PRINT **Ausgabe auf den Bildschirm**

PRINT [TAB(<Spalte>)] [SPC(<Anzahl>)] [<Ausdruck>...] [;] [,]

Ausgabe von Daten jeder Art auf den Bildschirm.

<Spalte> Hiermit wird der Cursor auf eine Tabulatorspalte auf dem Bildschirm in der aktuellen Ausgabezeile positioniert. Spalte kann je nach festgelegter WIDTH einen Wert von 1 bis 80 bzw. 40 haben.

<Anzahl> Hiermit wird eine durch Anzahl festgelegte Menge von Leerzeichen in der aktuellen Ausgabezeile ausgegeben.

<Ausdruck>

Hinter Ausdruck verbergen sich die auszugebenden Daten. Hierbei kann es sich um Konstanten, Variablen, Ergebnisse von Berechnungen oder Ergebnisse von Funktionen handeln. Die Daten können beliebigen und unterschiedlichen Typs sein. Die Trennung erfolgt durch eines der folgenden Trennzeichen:

; Das Semikolon veranlaßt GW-BASIC bei der Ausgabe keine neue Zeile zu beginnen. Dadurch können mehrere Ausdrücke aufeinanderfolgend ausgegeben werden.

, Das Komma veranlaßt GW-BASIC den Cursor bei der Ausgabe auf den nächsten Tabulatorstop (alle 8 Zeichen) zu setzen, bevor die nächsten Daten ausgegeben werden.

Wenn der auszugebende Ausdruck nicht mehr in die aktuelle Ausgabezeile paßt, erfolgt die Ausgabe automatisch am

Anfang der folgenden Zeile. Bei der Ausgabe von numerischen Werten repräsentiert die erste Stelle das Vorzeichen. Bei positivem Wert wird ein Leerzeichen, bei negativem Wert das Minuszeichen (-) ausgegeben.

Die Tastatur kann auch als Datei geöffnet werden:

```
OPEN "CONS:" FOR OUTPUT AS #1
PRINT#1,DRUCKAUSGABE$
```

Als Ausgabebefehle kommen PRINT#, PRINT# USING und WRITE# in Betracht. Die Datei muß nach der Ausgabe per CLOSE geschlossen werden.

PRINT USING — Formatierte Ausgabe

PRINT USING "Maske"; <Ausdruck>

Formatierte Ausgabe von Daten auf den Bildschirm.

"Maske" Mit "Maske" legen Sie die Formatierungsmerkmale für den Ausdruck fest:

Numerische Daten

"#####"
Diese Maske dient zur Formatierung ganzzahliger Werte. Jedes "#" steht hierbei für eine Stelle der auszugebenden Zahl. Für ein eventuell notwendiges Vorzeichen sollten Sie ein "#" zusätzlich hinzufügen. Kommazahlen werden vor der Ausgabe kaufmännisch gerundet.

"#####.##"
Mit dieser Maske werden Kommazahlen formatiert. Beachten Sie, daß GW-BASIC nicht das Komma, sondern den Punkt (.) zur Trennung der Vor-/Nachkommastellen verwendet. Durch die "#"-Zeichen vor und nach dem Punkt bestimmen Sie, mit wieviel Vor-/Nachkommastellen die Werte ausgegeben werden. Haben Sie für den Nachkommateil nicht genügend "#"-Zeichen vorgesehen, werden die Nachkkommastellen kaufmännisch gerundet ausgegeben.

"+#####.##" oder **"#####.##+"**
Ein Pluszeichen (+) am Anfang oder am Ende der Maske bewirkt die Ausgabe des Vorzeichens des Wertes am Anfang bzw. am Ende der Ausgabe.

"#####.##-"
Mit dem Minuszeichen am Ende der Maske veranlassen Sie, daß ein negatives Vorzeichen des Wertes am Ende der Ausgabe erscheint. Positive Werte werden ohne "+" ausgegeben. Das "-"-Zeichen darf nur am Ende der Maske stehen.

"#####.##^^^^"
Diese Maske benötigen Sie für die Exponential-Darstellung eines Wertes. Die "^^^^"-Zeichen stehen hierbei für "E" oder "D", das Vorzeichen (+/-) und zwei Ziffern, die den Exponenten zur Basis 10 darstellen.

"#####.##"**
Sind am Anfang der Maske zwei Sternchen "**" angegeben, so werden die normalerweise ausgegebenen Leerzeichen bei Werten, die kleiner als die Maske sind, durch Sternchen "*" ersetzt.

"$$#####.##"
Das Dollarzeichen ($) am Anfang der Maske bewirkt, daß vor jede Ausgabe das Dollarzeichen gesetzt wird. Eine Kombination mit "^^^^" für die Exponentialdarstellung ist nicht möglich. Bei Kombination mit der "**"-Maske ist nur ein Dollarzeichen anzugeben (**$###.##).

"######,.##"
Durch das Komma (,) in der Maske veranlassen Sie eine Zusammenfassung des ausgegebenen Wertes zu Dreiergruppen (1,254,267.80). Bei vier- und mehrstelligen Zahlen sollten Sie der Übersichtlichkeit wegen diese Form der Formatierung wählen.

Strings und Zeichen

"\ \"
Mit dieser Maske legen Sie die Anzahl der auszugebenden Zeichen fest. Die "\"-Zeichen stehen jeweils für ein Zeichen, dazwischenliegende Leerzeichen für jedes weitere

Zeichen. Geben Sie z.B. 5 Leerzeichen zwischen den "\"-Zeichen an, werden insgesamt 7 Zeichen des Strings ausgegeben.

"&"
Das Und-Zeichen "&" veranlaßt die unformatierte Ausgabe des folgenden Strings.

"!"
Durch das Ausrufezeichen "!" wird nur der erste Buchstabe des Strings ausgegeben.

"_" (Unterstreichung)
Findet PRINT USING in der Maske dieses Zeichen, so wird das dem Zeichen folgende Zeichen ohne weitere Behandlung ausgegeben. Hierdurch können Sie Zeichen, die normalerweise nicht in der Maske erlaubt sind, mit einbinden.

"#####.## Text"
In die Maske können beliebige Texte eingebaut werden, die "Text #####.##" entsprechend ihrer Position in der Maske vor oder hinter der Ausgabe erscheinen.

;
Das Semikolon (;) wird als Trennzeichen zwischen "Maske" und Ausdruck verwendet.

<Ausdruck>
Hinter Ausdruck verbergen sich die auszugebenden Daten. Hierbei kann es sich um Konstanten, Variablen, Ergebnisse von Berechnungen oder Ergebnisse von Funktionen handeln. Die Daten können beliebigen und unterschiedlichen Typs sein, müssen jedoch durch die Maske formatiert darstellbar sein.

Wird der auszugebende Wert von Ihnen größer angegeben, bzw. ergibt die Berechnung einen größeren Wert als die Maske formatieren kann, macht PRINT USING Sie durch ein vor die Ausgabe gestelltes Prozentzeichen (%) darauf aufmerksam. Dies kann den ganzen Bildschirmaufbau verderben. Lässt sich die maximal darzustellende Anzahl der

Stellen nicht genau vorhersehen, sollten Sie lieber eine größere Maske wählen oder eine Abfrage auf die Größe des Wertes in Ihr Programm einbauen.

WRITE — Ausgabe auf den Bildschirm

WRITE [SPC(<Anzahl>)] [<Ausdruck>...] [,]

Ausgabe von Daten auf den Bildschirm.

SPC(<Anzahl>)

Hiermit wird eine durch Anzahl festgelegte Menge von Leerzeichen in der aktuellen Ausgabezeile ausgegeben.

<Ausdruck>

Hinter Ausdruck verbergen sich die auszugebenden Daten. Hierbei kann es sich um Konstanten, Variablen, Ergebnisse von Berechnungen oder Ergebnisse von Funktionen handeln. Die Daten können beliebigen und unterschiedlichen Typs sein. Die Trennung erfolgt durch eines der folgenden Trennzeichen.

, Das Komma veranlaßt GW-BASIC den Cursor bei der Ausgabe auf den nächsten Tabulatorstop (alle 8 Zeichen) zu setzen, bevor die nächsten Daten ausgegeben werden.

Der WRITE-Befehl entspricht dem PRINT-Befehl mit folgenden Abweichungen:

Alle Ausdrücke werden eingeschlossen in Anführungszeichen und durch Komma getrennt ausgegeben.

Die Formatierung durch USING ist nicht möglich.

Die TAB-Funktion kann nicht mit WRITE eingesetzt werden.

Das Semikolon (;) kann nicht zur Unterdrückung des Zeilenvorschubes eingesetzt werden.

2.6 Eingabe über Tastatur

INKEY$ — Einlesen über Tastatur

X$=INKEY$

Diese Funktion liefert das ASCII-Zeichen der zuletzt gedrückten Taste.

Für Funktions- und Steuertasten gibt INKEY$ einen Zwei-Byte-String zurück, dessen erstes Byte den Wert 0 hat. Das zweite Byte gibt Auskunft über die gedrückte Taste. Man spricht auch von "erweiterten Tastaturcodes". Hier muß also die Länge des Strings mit LEN abgefragt werden und der String entsprechend behandelt werden. Die Werte für die Sondertasten sind im Handbuch zum PC aufgeführt.

INPUT — Eingabe über Tastatur

INPUT [;] ["Kommentar"];|,<Variablen>,...

Einlesen von Daten über die Tastatur. Dabei kann für den Anwender ein Kommentar ausgegeben werden. Anführungszeichen und Komma können nicht eingelesen werden.

; Steht direkt hinter INPUT ein Semikolon (;), so wird beim Abschluß der Eingabe mit <CR> kein Zeilenvorschub ausgeführt.

"Kommentar"

Hier kann als Stringkonstante ein Text angegeben werden, welcher Hinweise für den Anwender zur erwarteten Eingabe enthält.

; | , Das zweite Semikolon innerhalb der Anweisung unterdrückt die Ausgabe eines Zeilenvorschubes nach Ausgabe des Kommentares. Die Ausgabe des Zeilenvorschubes ist nicht bei allen Versionen implementiert. Durch das Komma (,) wird die Ausgabe des Fragezeichens unterdrückt.

<Variablen>

Hier wird angegeben, in welcher Variablen die Eingabe gespeichert werden soll. Die Eingabe muß dem Typ der Variablen entsprechen. Es können mehrere Variablen durch Komma getrennt angegeben werden. Bei der Eingabe sind die Daten ebenfalls durch Komma zu trennen.

INPUT$ — Einzelne Zeichen einlesen

X$=INPUT$ (<Anzahl_Zeichen>)

Einlesen einer festgesetzten Anzahl Zeichen von der Tastatur.

<Anzahl_Zeichen>

Hiermit geben Sie an, wieviel Zeichen von der Tastatur gelesen werden sollen.

LINE INPUT — Eingabe über Tastatur

LINE INPUT [;] ["Kommentar"] ;|,<Stringvariable>

Einlesen von Daten über die Tastur, hierbei werden die Trennzeichen des normalen INPUT (" und ,) als Eingabe akzeptiert.

; Steht direkt hinter LINE INPUT ein Semikolon (;), so wird beim Abschluß der Eingabe mit <CR> kein Zeilenvorschub ausgeführt.

Kommentar

Hier kann als Stringkonstante ein Text angegeben werden, der Hinweise für den Anwender zur erwarteten Eingabe enthält.

; | ,

Das zweite Semikolon (;) innerhalb der Anweisung unterdrückt die Ausgabe eines Zeilenvorschubes nach Ausgabe des Kommentares. Die Ausgabe des Zeilenvorschubes ist nicht bei allen Versionen implementiert. Durch das Komma (,) wird die Ausgabe des Fragezeichens unterdrückt.

<Stringvariable>

Hier wird angegeben, in welcher Stringvariable die Eingabe gespeichert werden soll. Das Einlesen in mehrere Stringvariablen wie beim INPUT ist nicht möglich.

2.7 Zeichenketten-Funktionen

+ Strings verknüpfen

X$= <String_1> + <String_2> + <String>...

Verknüpfung von Stringvariablen

<String_X> Hier können Sie jede Stringkonstante, Stringvariable oder das Ergebnis einer Stringfunktion angeben.

Die Länge des erzeugten Strings darf 255 Zeichen nicht überschreiten. Vor und nach den einzelnen Strings werden keine Leerzeichen eingefügt.

DATE$/TIME$ Systemdatum und Uhrzeit

X$=DATE$ bzw. **DATE$=X$**
X$=TIME$ bzw. **TIME$=X$**

Stringfunktionen, die das von MS-DOS geführte Datum und die Uhrzeit ausgeben, bzw. setzen.

Zum Setzen des Datums muß DATE$ je nach Version des Betriebssystems folgendes Format haben:

```
10 DATE$= "Monat-Tag-Jahr" oder
10 DATE$= "Tag-Monat-Jahr"
```

TIME$ benötigt zum Setzen der Uhrzeit folgendes Format:

```
10 TIME$= "Std:Min:Sek" oder
10 TIME$= "Std:Min:Sek:HSek"
```

DEF FN/FN — Eigene Stringfunktionen

DEF FN <Stringname> (<Parameter>...) = Funktion
FN <Stringname> (<Parameter>...)

Definition/Aufruf einer Anwenderfunktion für Stringoperationen.

<Stringname>

Geben Sie hier den Namen der Funktion an, der beim Aufruf über FN eingesetzt wird. Hierbei muß es sich um einen gültigen Namen für eine Stringvariable handeln. Arrays können nicht eingesetzt werden.

<Parameter>

Hier können Sie einen oder mehrere Stringvariablennamen angeben. Diese Variablen sind lokalen Typs, werden also nur für diese Funktion angelegt. Die Anzahl dieser Variablen muß mit der Anzahl der beim Aufruf übergebenen Parametervariablen übereinstimmen.

<Funktion>

Hier legen Sie fest, wie die übergebenen Variablen verarbeitet werden. Es können alle von GW-BASIC unterstützten Stringfunktionen eingesetzt werden.

Die Funktion darf sich nicht selbst als Funktion aufrufen. Vor dem ersten Aufruf muß die Funktion mit DEF FN definiert worden sein. Die Definition der Funktion darf nicht länger als eine Programmzeile sein. Eine Definition im Direktmodus ist nicht erlaubt.

FRE("") Stringspeicher bereinigen

FRE("")

FRE("") erzwingt eine Carbage Collection zur Bereinigung des Stringspeichers.

INSTR Zeichen in Strings suchen

INSTR ([<von_Position>], <Quellstring>, <Suchzeichen>)

Ermitteln der Position eines Zeichens in einem String.

<von_Position>

Hier geben Sie an, ab welchem Zeichen im Quellstring gesucht werden soll. Wird dieser Parameter weggelassen, so wird ab dem ersten Zeichen gesucht.

<Quellstring>

Geben Sie hier den Namen des Strings an, in dem gesucht werden soll. Hierbei kann es sich auch um das Feld eines String-Arrays handeln.

<Suchzeichen>

Hiermit geben Sie das Zeichen an, nach dem im Quellstring gesucht werden soll. Die Angabe kann als Konstante, als Variable oder als Ergebnis einer Stringfunktion erfolgen.

Suchzeichen kann auch aus mehreren Zeichen bestehen. Der Quellstring wird jedoch nur nach den einzelnen Zeichen durchsucht, nicht nach der angegebenen Zeichenfolge.

LEFT$ Teilinhalte von Variablen

X$=LEFT$(<Quellstring>, <Anzahl_Zeichen>)

Extrahieren des aus einer Anzahl Zeichen bestehenden linken Teils eines Quellstrings.

<Quellstring>

Geben Sie hier den Namen der Stringvariable an, aus der ein Teil an eine andere Stringvariable zugewiesen werden soll. Felder eines Arrays können angegeben werden.

<Anzahl_Zeichen>

Hier geben Sie an, wieviel Zeichen beginnend von der ersten linken Position des Quellstring an die Zielvariable zugewiesen werden sollen.

LEN Länge eines Strings ermitteln

X=LEN(<Stringvariable>)

Ermitteln der Länge einer Stringvariablen.

<Stringvariable>

Geben Sie hier den Namen der Stringvariablen an, deren Länge ermittelt werden soll. Felder eines Arrays können angegeben werden.

MID$ Teilinhalte von Variablen

X$=MID$ (<Quellstring>, <erstes_Zeichen> [,<Anzahl_Zeichen>])

Extrahieren einer Anzahl von Zeichen aus einem Quellstring ab einem bestimmten Zeichen und Zuweisung an eine Zielvariable.

<Quellstring>

Geben Sie hier den Namen der Stringvariablen an, aus der die Zeichen zugewiesen werden sollen. Felder eines Arrays können angegeben werden.

<erstes_Zeichen>

Hiermit legen Sie fest, ab dem wievielten Zeichen von links die Operation beginnen soll.

<Anzahl_Zeichen>

Hiermit geben Sie an, wieviel Zeichen aus dem Quellstring an den Zielstring zuzuweisen sind. Wird hier keine Angabe gemacht, wird der Rest des Quellstrings ab erstem Zeichen dem Zielstring zugewiesen.

MID$ — Teilinhalte von Variablen ändern

MID$ (<Zielstring>, <erstes_Zeichen> [,<Anzahl_Zeichen>]) = <Quellstring>

Zuweisung einer Anzahl von Zeichen eines Quellstrings an einen Zielstring ab einem bestimmten Zeichen.

<Zielstring>

Hier geben Sie den Namen der Stringvariablen an, deren Inhalt geändert werden soll. Felder eines Arrays können angegeben werden.

<erstes_Zeichen>

Hiermit wird das erste von links zählende Zeichen im Zielstring festgelegt, ab dem die Änderung erfolgen soll.

<Anzahl_Zeichen>

Hier legen Sie fest, wieviele Zeichen im Zielstring geändert werden sollen. Werden hier keine Angaben gemacht, so werden die restlichen Zeichen des Zielstrings ab dem ersten Zeichen geändert.

<Quellstring>

Geben Sie hier den Namen der Stringvariablen an, deren Inhalt ab dem ersten Zeichen mit <Anzahl_Zeichen> in den Zielstring übertragen werden sollen. Felder eines Arrays können angegeben werden.

RIGHT$ — Teilinhalte von Variablen

X$=RIGHT$ (<Quellstring>, <Anzahl_Zeichen>)

Extrahieren einer Anzahl von Zeichen des rechten Teiles eines Quellstrings und Zuweisung an einen Zielstring.

<Quellstring>

Hier geben Sie den Namen der Stringvariablen an, aus der ein Teil einer Zielvariablen zugewiesen werden soll. Felder eines Arrays können angegeben werden.

<Anzahl_Zeichen>

Hiermit wird festgelegt, wieviel Zeichen beginnend ab dem letzten Zeichen des Quellstrings zugewiesen werden sollen.

SPACE$ — Leerstring initialisieren

X$=SPACE$(<Anzahl>)

Generierung eines Strings bestehend aus einer bestimmten Anzahl Leerzeichen.

<Anzahl> Hiermit geben Sie an, wieviel Leerzeichen der String enthalten soll.

STRINGS$ String mit Zeichen füllen

X$=STRING$(<Anzahl>,<Zeichen>)

Generierung eines Strings mit einer festgesetzten Anzahl eines beliebigen Zeichens.

<Anzahl> Hiermit geben Sie die Anzahl der Zeichen an, die ausgegeben bzw. zugewiesen werden sollen.

<Zeichen> Hier wird das Zeichen definiert, das ausgegeben oder zugewiesen werden soll. <Zeichen> kann konstant, als Stringvariable oder als Ergebnis einer Stringfunktion angegeben werden.

2.8 Mathematische Funktionen

Die Addition

Eine Addition wird mit dem Pluszeichen (+) vorgenommen:

```
ERGEBNIS= Zahl_1 + Zahl_2
```

Die Subtraktion

Eine Subtraktion wird mit dem Minuszeichen (-) vorgenommen:

```
ERGEBNIS= Zahl_1 - Zahl_2
```

Die Multiplikation

Für die Multiplikation wird unter GW-BASIC der Stern (*) eingesetzt:

```
ERGEBNIS= Zahl_1 * Zahl_2
```

Die Division

Eine Division wird mittels des Schrägstrichs (/) durchgeführt:

```
ERGEBNIS= Zahl_1 / Zahl_2
```

Für eine Integerdivision, also der Division ganzzahliger Werte, wird der umgekehrte Schrägstrich (\) eingesetzt:

```
ERGEBNIS= Zahl_1 \ Zahl_ 2
```

Die Potenzierung

Für die Potenzierung wird der Pfeil nach oben (^) eingesetzt:

```
ERGEBNIS= Zahl_1 ^ Zahl_2
```

2.9 Erweiterte mathematische Funktionen

X=ABS(Ausdruck)

Ermittelt den absoluten Wert des Ausdruckes. Die Ausgabe erfolgt als positiver Wert. Die Genauigkeit entspricht der Typenvereinbarung für die verwendeten Variablen im Ausdruck.

X=Y AND Z

Bei der Verknüpfung zweier Werte mit AND werden die Bits derart manipuliert, daß im Ergebnis das Bit gelöscht wird, wenn es in Y oder Z gelöscht ist. Mit AND können Bits gezielt gelöscht werden.

X=ATN(Ausdruck)

Der Ausdruck wird mit Tangens gleichgesetzt und daraus der Winkel im Bogenmaß mit einfacher Genauigkeit errechnet. Wurde GW-BASIC mit dem Parameter [/D] aufgerufen, erfolgt die Berechnung mit doppelter Genauigkeit.

X=COS(Ausdruck)

Der Ausdruck wird mit dem Bogenmaß gleichgesetzt und daraus der Cosinus mit einfacher Genauigkeit errechnet. Wurde GW-BASIC mit dem Parameter [/D] aufgerufen, erfolgt die Berechnung mit doppelter Genauigkeit.

X= Y EQV Z

Bei der Verknüpfung zweier Werte mit EQV werden die Bits derart manipuliert, daß bei Übereinstimmung der Bits in Y und Z das Bit im Ergebnis gesetzt wird, ansonsten wird das Bit gelöscht.

X=EXP(Ausdruck)

Die Eulersche Zahl "e" wird mit dem Ausdruck potenziert und das Ergebnis mit einfacher Genauigkeit errechnet. Wurde GW-BASIC mit dem Parameter [/D] aufgerufen, erfolgt die Berechnung mit doppelter Genauigkeit.

X=FIX(Ausdruck)

Ermittelt den ganzzahligen Wert des Ausdruckes. Der Nachkommateil wird abgeschnitten. Das Ergebnis entspricht der Genauigkeit der in Ausdruck angegebenen Variablen. Es werden sowohl positive als auch negative Werte verarbeitet.

X= Y IMP Z

Bei der Verknüpfung zweier Werte mit IMP werden die Bits in Abhängigkeit der Reihenfolge der Werte Y und Z derart manipuliert, daß bei Übereinstimmung der Bits in Y und Z das Bit im Ergebnis gesetzt wird. Ist ein Bit in Y gesetzt und in Z gelöscht, wird es im Ergebnis gelöscht, ist ein Bit in Y gelöscht und in Z gesetzt, wird es im Ergebnis gesetzt.

X=INT(Ausdruck)

Ermittelt den nächsten ganzzahligen Wert entsprechend der Gauß-Skala. Das Ergebnis entspricht der in Ausdruck angegebenen Variablen. Es werden sowohl positive als auch negative Werte verarbeitet.

X=LOG(Ausdruck)

Ermittelt den natürlichen Logarithmus des Ausdruckes in einfacher Genauigkeit. Wurde GW-BASIC mit dem Parameter [/D] aufgerufen, erfolgt die Berechnung mit doppelter Genauigkeit. Ausdruck muß größer Null sein.

X=Zahl_1 MOD Zahl_2

Ermittelt den Rest einer Integerdivision (Modulo).

X= NOT Y

NOT manipuliert die Bits derart, daß im Ergebnis ein gesetztes Bit gelöscht und ein gelöschtes Bit gesetzt wird.

X= Y OR Z

Bei der Verknüpfung zweier Werte mit OR werden die Bits derart manipuliert, daß im Ergebnis das Bit gesetzt wird, wenn es in Y oder Z gesetzt ist. Mit OR können Bits gezielt gesetzt werden.

X=SGN(Ausdruck)

Ermittelt das Vorzeichen von Ausdruck SGN liefert +1, wenn das Vorzeichen positiv ist, -1, wenn es negativ ist und 0, wenn der Ausdruck den Wert Null hat.

X=SIN(Ausdruck)

Der Ausdruck wird mit dem Bogenmaß gleichgesetzt und davon der Sinus mit einfacher Genauigkeit ermittelt. Wurde GW-BASIC mit dem Parameter [/D] aufgerufen, erfolgt die Berechnung mit doppelter Genauigkeit.

X=SQR(Ausdruck)

Ermittelt die Quadratwurzel von Ausdruck mit einfacher Genauigkeit. Wurde GW-BASIC mit dem Parameter [/D] aufgerufen, erfolgt die Berechnung mit doppeleter Genauigkeit. Der Ausdruck muß größer/gleich Null sein.

X=TAN(Ausdruck)

Der Ausdruck wird mit dem Bogenmaß gleichgesetzt und davon der Tangens in einfacher Genauigkeit ermittelt. Wurde GW-BASIC mit dem Parameter [/D] aufgerufen, erfolgt die Berechnung mit doppelter Genauigkeit.

X= Y XOR Z

Bei der Verknüpfung zweier Werte mit XOR werden die Bits derart manipuliert, daß bei Übereinstimmung der Bits in Y und Z das Bit im Ergebnis gelöscht wird, ansonsten wird das Bit gesetzt.

2.10 Datentypen konvertieren

RANDOMIZE/RND — Zufallszahlen ermitteln

RANDOMIZE [<Zahl>]
RND [<Zahl>]

Festlegen des Zahlenbereiches für Zufallszahlen und Ermittlung einer Zufallszahl.

<Zahl> Hiermit grenzen Sie den Bereich, aus dem die Zufallszahlen ermittelt werden sollen, ein. Wenn Sie die RND-Funktion ohne Parameter zur Ermittlung einer Zufallszahl einsetzen, geht GW-BASIC von einer immer gleichen Reihenfolge der zu ermittelnden Zahlen aus. Zahl kann einen Wert zwischen -32768 und +32767 haben.

Rufen Sie RANDOMIZE ohne Zahl auf, fordert GW-BASIC Sie im Dialog zur Eingabe einer Zahl auf:

```
RANDOM NUMBER SEED (-32768 TO 32767) ?
```

Abhängig von Ihrer Eingabe wird dann der Anfangswert und die Reihenfolge bestimmt.

DEF FN — Eigene mathematische Funktionen

DEF FN <Variablenname> (<Parameter>,...) = <Funktion>
FN <Variablenname> (<Parameter>...)

Definition/Aufruf einer Anwenderfunktion für mathematische Operationen.

<Variablenname>

Geben Sie hier den Namen der Funktion an, der beim Aufruf über FN eingesetzt wird. Hierbei muß es sich um einen gültigen Namen für eine numerische Variable handeln.

<Parameter>

Hier können Sie einen oder mehrere Namen numerischer Variablen angeben. Diese Variablen sind lokalen Typs, werden also nur für diese Funktion angelegt. Die Anzahl dieser Variablen muß mit der Anzahl der beim Aufruf übergebenen Parametervariablen übereinstimmen.

<Funktion> Hier legen Sie fest, wie die übergebenen Variablen verarbeitet werden. Es können alle von GW-BASIC unterstützten mathematischen Funktionen eingesetzt werden.

Die Funktion darf sich nicht selbst als Funktion aufrufen. Vor dem ersten Aufruf muß die Funktion mit DEF FN definiert worden sein. Die Definition der Funktion darf nicht länger als eine Programmzeile sein. Eine Definition im Direktmodus ist nicht erlaubt.

ASC — ASCII-Zeichen --> Dezimal

ASC(<Ausdruck>)

Liefert den dezimalen Wert eines ASCII-Zeichens.

<Ausdruck>

Für <Ausdruck> kann eine Stringkonstante, eine Stringvariable oder das Ergebnis einer String-funktion angegeben werden. Von <Ausdruck> wird nur das erste Zeichen berücksichtigt, egal wieviel Zeichen zur Verfügung stehen.

CDBL --> Doppelte Genauigkeit

CDBL(<Ausdruck>)

Umwandlung eines beliebigen numerischen Ausdruckes in einen Wert doppelter Genauigkeit.

<Ausdruck>

Für <Ausdruck> kann ein konstanter numerischer Wert, das Ergebnis einer Berechnung mit kon-stanten Werten, eine numerische Variable oder das Ergebnis einer numerischen Funktion eingesetzt werden.

CHR$ Dezimal --> ASCII-Zeichen

CHR$(<Zahl>)

Umwandlung eines dezimalen Wertes in ein ASCII-Zeichen im Stringformat.

<Zahl> Für <Zahl> kann ein konstanter Wert, das Ergebnis einer Berechnung mit konstanten Werten, eine numerische Variable oder das Ergebnis einer numerischen Funktion eingesetzt werden. Das Ergebnis muß dabei einen INTEGER-Wert im Bereich von 0 bis 255 darstellen.

CINT --> INTEGER-Wert

CINT(<Ausdruck>)

Umwandlung eines beliebigen numerischen Ausdruckes in einen INTEGER-Wert.

<Ausdruck>

Für <Ausdruck> kann ein konstanter Wert, das Ergebnis einer Berechnung mit konstanten Werten, eine numerische Variable oder das Ergebnis einer numerischen Funktion eingesetzt werden. Das Ergebnis muß dabei einen INTEGER-Wert im Be-reich von -32768 bis +32767 darstellen.

CSNG **--> Einfache Genauigkeit**

CSNG(<Ausdruck>)

Umwandlung eines beliebigen numerischen Ausdruckes in einen Wert mit einfacher Genauigkeit.

<Ausdruck>

Für <Ausdruck> kann ein konstanter numerischer Wert, das Ergebnis einer Berechnung mit konstanten Werten, eine numerische Variable oder das Ergebnis einer numerischen Funktion eingesetzt werden.

HEX$ **Dezimal --> Hexadezimal**

HEX$(<Zahl>)

Umwandlung eines Wertes in die hexadezimale Darstellungsart. Das Ergebnis ist vom Typ String.

<Zahl> Für <Zahl> kann ein konstanter numerischer Wert, das Ergebnis einer Berechnung mit konstanten Werten, eine numerische Variable oder das Ergebnis einer numerischen Funktion eingesetzt werden. <Zahl> muß einen durch 16 Bit darstellbaren Wert ergeben.

OCT$ **Dezimal --> Oktal**

OCT$(<Zahl>)

Umwandlung eines Wertes in die oktale Darstellungsart. Das Ergebnis ist vom Typ String.

<Zahl> Für <Zahl> kann ein konstanter numerischer Wert, das Ergebnis einer Berechnung mit konstanten Werten, eine numerische Variable oder das Ergebnis einer numerischen Funktion eingesetzt werden. Zahl muß einen durch 16 Bit darstellbaren Wert ergeben.

STR$ **Numerisch --> String**

STR$(<Ausdruck>)

Umwandlung eines numerischen Wertes oder eines numerischen Ausdruckes in einen String.

<Ausdruck>

Für <Ausdruck> kann ein konstanter numerischer Wert, das Ergebnis einer Berechnung mit kon-stanten Werten, eine numerische Variable oder das Ergebnis einer numerischen Funktion eingesetzt werden.

VAL **String --> Numerisch**

VAL(<Stringausdruck>)

Umwandlung eines Strings mit numerischem Inhalt in einen numerischen Wert.

<Stringausdruck>

Hier können Sie eine Stringkonstante, eine Stringvariable oder das Ergebnis einer Stringoperation angeben.

Der Inhalt des Strings muß als numerischer Wert darstellbar sein. Findet VAL ein Zeichen innerhalb des Strings, das sich nicht als Wert darstellen läßt, wird die Konvertierung ohne Fehlermeldung abgebrochen und die bis dahin konvertierten Zahlen werden als Ergebnis geliefert.

2.11 Daten vergleichen

OPERATOR "=" — Daten vergleichen

IF <Ausdruck_1> = <Ausdruck_2> THEN <Anweisung>

Überprüfen zweier Ausdrücke auf Gleichheit.

<Ausdruck_1>,<Ausdruck_2>

Geben Sie hier die Ausdrücke an, die verglichen werden sollen. Es kann sich dabei um Konstanten, Variablen oder Ergebnisse von Berechnungen oder Funktionen handeln. Die Ausdrücke müssen gleichen Datentyps sein.

Der Vergleichsoperator = kann mit den Vergleichsoperatoren < und > kombiniert werden, um zu überprüfen, ob <Ausdruck_1> kleiner/gleich bzw. größer/gleich <Ausdruck_2> ist.

OPERATOR "< >" — Daten vergleichen

IF <Ausdruck_1> <> <Ausdruck_2> THEN <Anweisung>

Überprüfen zweier Ausdrücke auf Ungleichheit.

<Ausdruck_1>,<Ausdruck_2>

Geben Sie hier die Ausdrücke an, die verglichen werden sollen. Es kann sich dabei um Konstanten, Variablen oder Ergebnisse von Berechnungen oder Funktionen handeln. Die Ausdrücke müssen gleichen Datentyps sein.

Der Vergleichsoperator = kann mit den Vergleichsoperatoren < und > kombiniert werden, um zu überprüfen, ob <Ausdruck_1> kleiner/gleich bzw. größer/gleich <Ausdruck_2> ist.

OPERATOR "<" Daten vergleichen

IF <Ausdruck_1> < <Ausdruck_2> THEN <Anweisung>

Überprüfen zweier Ausdrücke daraufhin, ob ein Ausdruck kleiner ist als der andere .

<Ausdruck_1>,<Ausdruck_2>

Geben Sie hier die Ausdrücke an, die verglichen werden sollen. Es kann sich dabei um Konstanten, Variablen oder Ergebnisse von Berechnungen oder Funktionen handeln. Die Ausdrücke müssen gleichen Datentyps sein.

Der Vergleichsoperator < kann mit dem Vergleichsoperator "=" kombiniert werden, um zu überprüfen, ob <Ausdruck_1> kleiner/gleich <Ausdruck_2> ist.

OPERATOR ">" Daten vergleichen

IF <Ausdruck_1> > <Ausdruck_2> THEN <Anweisung>

Überprüfen zweier Ausdrücke daraufhin, ob ein Ausdruck größer ist als der andere.

<Ausdruck_1>,<Ausdruck_2>

Geben Sie hier die Ausdrücke an, die verglichen werden sollen. Es kann sich dabei um Konstanten, Variablen oder Ergebnisse von Berechnungen oder Funktionen handeln. Die Ausdrücke müssen gleichen Datentyps sein.

Der Vergleichsoperator > kann mit dem Vergleichsoperator = kombiniert werden, um zu überprüfen, ob <Ausdurck_1> größer/gleich <Ausdruck_2> ist.

AND — Vergleiche verknüpfen

IF <Bedingung_1> AND <Bedingung_2> THEN <Anweisung>

Verknüpfung mehrerer Vergleiche. Die Anweisung wird ausgeführt, wenn <Bedingung_1> und <Bedingung_2> erfüllt sind.

<Bedingung_1>, <Bedingung_2>

Hier geben Sie jeweils einen Vergleich mit den Vergleichsoperatoren =, <>, <=, >=, < oder > an.

OR — Vergleiche verknüpfen

IF <Bedingung_1> OR <Bedingung_2> THEN <Anweisung>

Verknüpfung mehrerer Vergleiche. Die Anweisung wird ausgeführt, wenn <Bedingung_1> oder <Bedingung_2> erfüllt ist.

<Bedingung_1>, <Bedingung_2>

Hier geben Sie jeweils einen Vergleich mit den Vergleichsoperatoren =, <>, <=, >=, < oder > an.

NOT — Vergleichsergebnis umkehren

IF NOT <Bedingung> THEN <Anweisung>

Das Ergebnis eines Vergleichs wird umgekehrt.

<Bedingung>

Hier geben Sie einen Vergleich mit den Vergleichsoperatoren =, <>, <=, >=, < oder > an.

2.12 Programmtechniken

FOR..NEXT **Programmschleifen**

FOR <Zählvariable> = <Startwert> TO <Endwert> [STEP <Schrittweite>]
Anweisung(en)
NEXT [<Zählvariable>]

Ausführung von Anweisungen innerhalb einer durch FOR und NEXT begrenzten Schleife. Die angegebenen Anweisungen werden solange ausgeführt, bis die Zählvariable den Endwert erreicht hat.

<Zählvariable>

Geben Sie hier eine INTEGER-Variable beliebigen Namens an.

<Startwert>,<Endwert>

Mit diesen Parametern legen Sie die Grenzen der Schleife fest. Hierbei muß es sich um konstante Werte, eine Variable oder das Ergebnis einer Berechnung bzw. einer Funktion handeln. Das Ergebnis muß vom Typ INTEGER sein.

<Schrittweite>

Normalerweise zählt FOR..NEXT mit Schrittweite +1. Dies können Sie durch Angabe des Zusatzes STEP gefolgt von der gewünschten Schrittweite ändern. Wenn <Schrittweite> negativ angegeben wird, so zählt FOR..NEXT vom Startwert rück-wärts.

<Anweisung>

Hier können Sie alle von GW-BASIC unterstützten Befehle und Funktionen angeben. Dies kann über mehrere Programmzeilen hinweg erfolgen.

kann über mehrere Programmzeilen hinweg erfolgen.

NEXT [<Zählvariable>]

Hiermit wird das Ende der Schleife angegeben. GW-BASIC weiß nun, daß alle Anweisungen zwischen FOR und NEXT zu dieser Schleife gehören. Die Zählvariable muß nur in geschachtelten FOR..NEXT-Schleifen angegeben werden.

In geschachtelten FOR..NEXT-Schleifen muß bei Angabe des NEXT Zählvariable auf die richtige Reihenfolge geachtet werden, da GW-BASIC sonst die Meldung "NEXT without FOR" ausgibt. Der Wert der Zählvariablen kann innerhalb der Schleife geändert werden. Dies birgt die Gefahr einer Endlosschleife in sich. Die Schleife kann jederzeit mit GOTO verlassen werden. Die auf dem Stack befindlichen Daten für die FOR..NEXT-Schleife werden dabei jedoch nicht entfernt, so daß bei häufigem Aussprung aus FOR..NEXT-Schleifen irgendwann die Meldung "Out of memory" ausgegeben werden kann.

WHILE..WEND — Programmschleifen

WHILE <Bedingung> <Anweisung>
WEND

Ausführung von Anweisungen solange eine Bedingung nicht erfüllt ist.

<Bedingung>

Geben Sie hier einen der von GW-BASIC unterstützten Datenvergleiche bzw. die Abfrage einer Variablen an.

<Anweisung>

Hier können Sie alle von GW-BASIC unterstützten Befehle und Funktionen angeben. Dies kann über mehrere Programmzeilen hinweg erfolgen.

Bitte achten Sie darauf, daß die Schleife solange ausgeführt wird, bis die Bedingung erfüllt ist. Dies birgt die Gefahr einer Endlosschleife in sich, wenn die Bedingung aufgrund eines Fehlers oder falsch angegebener Daten nie erfüllt wird. Aus diesem Grund sollten im Zweifelsfall mehrere durch AND oder OR verknüpfte Bedingungen angegeben werden, von denen eine für ein "Zwangsende" der Schleife sorgt. Die Schleife kann jederzeit mit GOTO verlassen werden. Die auf dem Stack befindlichen Daten für die WHILE..WEND-Schleife werden dabei jedoch nicht entfernt, so daß bei häufigem Aussprung aus WHILE..WEND-Schleifen irgendwann die Meldung "Out of memory" ausgegeben werden kann.

GOSUB..RETURN — Unterprogramme

GOSUB <Zeilennummer>
RETURN [<Zeilennummer>]

Aufruf bzw. Ausführung eines Unterprogramms und Rückkehr an die dem Aufrufpunkt folgende Anweisung.

<Zeilennummer>

Hier geben Sie an, mit welcher Programmzeile das aufzurufende Unterprogramm beginnt bzw. an welche Programmzeile nach der Ausführung des Unterprogramms zurückgesprungen werden soll.

Ein mit GOSUB aufgerufenes Unterprogramm kann auch mit GOTO verlassen werden. Die auf dem Stack befindlichen Daten für die GOSUB..RETURN-Konstruktion werden dabei jedoch nicht entfernt, so daß bei häufigem Aussprung aus GOSUB..RETURN-Konstruktionen irgendwann die Meldung "Out of memory" ausgegeben werden kann.

ON X GOTO/GOSUB — Bedingte Verzweigung

ON <Index> GOTO <Liste_von_Zeilennummern> oder
ON <Index> GOSUB <Liste_von_Zeilennummern>

Bedingte Verzweigung zu Programmteilen oder Unterprogrammen über einen Index.

<Index> Geben Sie hier eine numerische Variable, eine numerische Funktion oder eine Berechnung an, deren Ergebnis vom Datentyp INTEGER ist.

<Liste_von_Zeilennummern>

Geben Sie hier eine Liste der Zeilennummern getrennt durch Komma (,) an, zu denen anhand des Index verzweigt werden soll.

Wenn X=0 oder größer als die Anzahl der angegebenen Zeilennummern ist, wird das Programm mit der Zeile fortgeführt, die der ON X GOTO/GOSUB-Zeile folgt. Die Zeilennummern brauchen nicht in aufsteigender Reihenfolge angegeben werden. Eine Zeilennummer kann auch mehrmals in der Liste enthalten sein.

IF..THEN..ELSE — Bedingte Verzweigung

IF <Bedingung> THEN <Anweisung_1> [ELSE <Anweisung_2>]

Verzweigung im Programm bzw. Ausführung von Anweisungen in Abhängigkeit von einer oder mehrerer verknüpfter Bedingungen.

<Bedingung>

Als Bedingung kann der Inhalt einer Variablen geprüft oder das Ergebnis eines Datenvergleichs bzw. die Verknüpfung davon eingesetzt werden.

<Anweisung_1>,<Anweisung_2>

Hier können alle von GW-BASIC unterstützten Befehle und Funktionen angegeben werden. Die Länge darf eine Programmzeile nicht überschreiten.

Der ELSE-Zweig ist optional. Wird er weggelassen und die Bedingung ist nicht erfüllt, so werden die Anweisungen der folgenden Zeile ausgeführt. Wird ELSE angegeben, so muß es in der gleichen Zeile wie IF und THEN stehen. Bei unbedingten Verzweigungen mit GOTO muß das Wort GOTO hinter THEN und ELSE nicht angegeben werden. GOSUB hingegen muß jeweils angegeben werden.

GOTO — Unbedingte Verzweigung

GOTO <Zeilennummer>

Unbedingte Verzweigung innerhalb des Programmes.

<Zeilennummer>

Hier geben Sie an, zu welcher Zeilennummer innerhalb des Programmes verzweigt werden soll.

Die Programmschleifen (FOR...NEXT, WHILE..WEND) und über GOSUB aufgerufene Unterprogramme sollten nicht mit GOTO verlassen werden, da dabei die auf dem Stack gespeicherten Daten für die Ausführung der Schleifen bzw. für den Rücksprung nicht gelöscht werden.

2.13 Dateiverwaltung

CHAIN **Overlays realisieren**

CHAIN [MERGE] <Dateispez> [,<Startzeile>] [,ALL] [,DELETE <von_Zeile> - <bis_Zeile>]

Nachladen eines Programmteiles und ggf. Verknüpfung mit dem im Speicher befindlichen Programm.

[MERGE] Den Befehl MERGE haben wir schon in Kapitel 1, Abschnitt 1.3 kennengelernt. In Verbindung mit CHAIN passiert das Gleiche wie bei einem MERGE: das nachgeladene Programm wird mit dem im Speicher befindlichen Programm verknüpft, das heißt, vorhandene Zeilen werden ersetzt, ansonsten werden die Zeilen entsprechend ihrer Nummer eingefügt oder angehängt. Danach wird das gesamte Programm oder das Programm ab der Startzeile ausgeführt.

<Dateispez>

Hierbei handelt es sich um eine den MS-DOS-Konventionen entprechende Dateispezifikation bestehend aus Laufwerk, Pfad und Dateiname oder auch nur Teilen davon.

<Startzeile>

Hier geben Sie die Zeile an, ab der das nach CHAIN im Speicher befindliche Programm gestartet bzw. ausgeführt werden soll.

[ALL] Mit dem Parameter [ALL] veranlassen Sie GW-BASIC alle vorhandenen Variablenwerte zu erhalten. Ohne [ALL] werden von CHAIN alle Variablen gelöscht und der Speicherplatz wird freigegeben. Sollen nur bestimmte Variablen übergeben werden, benutzen Sie den COMMON-Befehl, den wir gleich kennenlernen.

[DELETE <von_Zeile> - <bis_Zeile>]

DELETE können Sie nur gemeinsam mit MERGE einsetzen. DELETE löscht den mit <von_Zeile> - <bis_Zeile> vorgegebenen Zeilenbereich, bevor das nachzuladene Programm per MERGE mit dem im Speicher befindlichen Programm verknüpft wird.

Das nachzuladene Programm muß im ASCII-Format gespeichert sein. Dies erreichen Sie durch SAVE Dateispez,A. Durch die notwendige Umwandlung vom ASCII- in das Programmformat bzw. durch das Verknüpfen bei MERGE kann CHAIN etwas länger dauern. Setzen Sie MERGE ohne ALL ein, werden alle offenen Dateien geschlossen, alle Variablen gelöscht und alle offenen GOSUB..RETURN, FOR..NEXT und WHILE..WEND geschlossen. CHAIN ohne MERGE läßt alle eventuell offenen Dateien geöffnet. In per MERGE nachgeladenen Programmen dürfen Sie keine mit DEF FN definierten Funktionen einsetzen, diese müssen im Basisprogramm definiert werden. CHAIN führt vor dem Nachladen ein RESTORE aus. Denken Sie also bei READ..DATA im nachgeladenen Programm daran, den Datenzeiger eventuell umzusetzen. Der mit OPTION BASE für Arrays festgelegte Wert bleibt unverändert. Und noch etwas: RENUM läßt eine eventuell angegebene Startzeile unverändert! Denken Sie also dran, diese "von Hand" zu korrigieren.

COMMON **Variablen im Overlay**

COMMON <Variable>,...

Festlegen der Variablen, die bei einem CHAIN an das nachgeladene Programm zu übergeben sind.

<Variable> Hier können alle verfügbaren Typen inklusive Arrays angegeben werden.

Ein nachzuladendes Programm braucht den COMMON-Befehl nur zu beinhalten, wenn von dort aus weitere Overlays mit Datenübergabe vorgenommen werden. Eine mit COMMON für die Übergabe festgelegte Variable muß im aufrufenden Programm mit einem Inhalt versehen werden. Weisen Sie notfalls 0 oder den Leerstring ("") zu. Bei der Übergabe von Arrays beachten Sie bitte, daß der DIM-Befehl unbedingt vor dem COMMON-Befehl gegeben wird.

OPEN — Datei öffnen

OPEN <Dateispez> FOR <Modus> [ACCESS <Zugriff>] [LOCK <Modus>] AS #<Dateinummer> [LEN= <Satzlänge>]

Öffnen einer Datei für folgende Schreib-/Lesezugriffe oder die Anwendung einer Funktion.

<Dateispez>

Hierbei handelt es sich um eine den MS-DOS Konventionen entprechende Dateispezifikation bestehend aus Laufwerk, Pfad und Dateiname oder auch nur Teilen davon.

<Modus> Durch Modus teilen Sie GW-BASIC mit, für welche Operationen die Datei geöffnet werden soll:

INPUT

Die Datei wird geöffnet, um daraus Daten zu lesen. Der Dateizeiger wird an den Anfang der Datei gesetzt.

OUTPUT

Die Datei wird geöffnet, um Daten in diese Datei zu schreiben. Der Dateizeiger wird an den Anfang der Datei gesetzt. Wird eine bestehende Datei geöffnet, so werden beim Schreiben die bestehenden Daten überschrieben! Existiert die Datei noch nicht, so wird sie angelegt.

APPEND

Die Datei wird im OUTPUT-Modus geöffnet, um Daten in diese Datei zu schreiben. Der Datei-Zeiger wird jedoch an das Dateiende gesetzt. Dadurch kann eine Datei erweitert werden. Findet GW-BASIC die Datei nicht, so wird sie neu angelegt.

<Zugriff> Über diesen Paramater können Sie festlegen, wie die Datei behandelt werden soll:

ACCESS READ

es darf nur aus der Datei gelesen werden

ACCESS WRITE

es darf nur in die Datei geschrieben werden

ACCESS READ WRITE

die Datei darf gelesen und geschrieben werden

Durch ACCESS <Zugriff> lassen sich Zugriffsberechtigungen für einzelne Mitarbeiter festlegen. So ist es z.B. denkbar, daß abhängig von einer Benutzernummer die eine oder andere Datei nur zum Lesen geöffnet wird, während ein "Supervisor" Zugriff auf alle Dateien im READ/WRITE-Modus hat.

LOCK <Modus>

In Netzwerken/Mehrplatzanlagen können eine Datei oder einzelne Datensätze gegen gleichzeitigen Zugriff gesichert werden. Sie legen dies über den Paramater LOCK fest:

LOCK SHARED

die Datei kann beliebig geöffnet werden

LOCK READ

die Datei kann nur beim ersten Mal im READ-Modus geöffnet werden, weitere Zugriffe nur im WRITE-Modus

LOCK WRITE

die Datei kann nur beim ersten Mal im WRITE-Modus geöffnet werden, weitere Zugriffe nur im READ-Modus

LOCK READ WRITE

die Datei kann nur einmal (exclusiv) geöffnet werden

<Dateinummer>

Damit beim Zugriff auf eine Datei nicht immer der ganze Name angegeben werden muß, wird der Datei eine Nummer zugeordnet, über die alle weiteren Zugriffe erfolgen. Diese Verwaltung ist auch für das Betriebssystem einfacher.

[LEN= <Satzlänge>]

Wenn LEN anstelle eines Modus angegeben ist, so wird die Datei als RANDOM- (Direktzugriffs) Datei geöffnet. Mit <Satzlänge> geben Sie die Länge der zu speichernden Sätze in Bytes an. <Satzlänge> darf einen Wert zwischen 1 und 32767 haben. LEN wird von den übrigen Parametern nicht durch ein Komma getrennt.

OPEN — Datei öffnen

OPEN "Modus", #<Dateinummer>, <Dateispez> [,<Satzlänge>]

Hierbei handelt es sich um eine zweite Variante des OPEN-Befehls, der aus Kompatibilitätsgründen implementiert ist.

<Dateinummer>,<Dateispez>

Diese Parameter haben die gleiche Bedeutung wie bei der ersten Variante des OPEN-Befehls.

<Modus> Mit Modus wird festgelegt, welche Operationen mit der Datei geplant sind:

I "I" steht für INPUT, es gilt das zu Variante 1 Gesagte.

O "O" steht für OUTPUT, es gilt das zu Variante 1 Gesagte.

A "A" steht für APPEND, auch hier gilt das zu Variante 1 Gesagte.

R Mit "R" wird die Datei als RANDOM-Datei geöffnet.

<Satzlänge>

Bei Modus "R" muß die Satzlänge für die zu speichernden Sätze angegeben werden, das LEN= ... entfällt hier jedoch und die Satzlänge wird durch Komma von den übrigen Parametern getrennt.

PRINT# Daten in eine Datei schreiben

PRINT #<Dateinummer>, <Ausdruck>,... [;|,]

Schreiben von Daten in eine mit OPEN geöffnete Datei.

<Dateinummer>

Damit beim Zugriff auf eine Datei nicht immer der ganze Name angegeben werden muß, wird der Datei beim OPEN eine Nummer zugeordnet, über die alle weiteren Zugriffe erfolgen. Diese Nummer wird hier angegeben.

<Ausdruck>

Hier geben Sie die Daten an, die in die Datei geschrieben werden sollen. Es kann sich um Konstanten, Variablen oder Ergebnisse von Funktionen/Berechnungen handeln. Es können mehrere Ausdrücke getrennt durch Komma (,) angegeben werden. Die Ausdrücke können auch unterschied-lichen Datentyps sein.

; | , Nach dem Schreiben eines Ausdruckes in die Datei gibt PRINT# die Sequenz CRLF ($0D0A) als Trennzeichen aus. Diese Sequenz kann durch Angabe des Semikolons (;) unterdrückt werden. Die Daten werden dann ohne Trennzeichen gespeichert, können dann jedoch mit INPUT# nicht mehr eingelesen werden!

; Durch das Komma (;) wird eine Tabulierung beim Schreiben der Daten vorgenommen. Bevor der Ausdruck in die Datei geschrieben wird, werden 8 Leerzeichen ausgegeben.

Die Dateinummer muß mit der beim OPEN-Befehl eingesetzten Dateinummer übereinstimmen. Andernfalls laufen Sie Gefahr, die Daten in eine falsche Datei zu schreiben. Wenn Ausdrücke unterschiedlicher Datentypen gespeichert werden, so müssen diese beim INPUT# Variablen des entsprechenden Datentyps zugeordnet werden.

PRINT# USING — Daten formatiert speichern

PRINT #<Dateinummer> USING "Maske"; <Ausdruck>

Formatierte Ausgabe von Daten in eine Datei.

<Dateinummer>

Damit beim Zugriff auf eine Datei nicht immer der ganze Name angegeben werden muß, wird der Datei beim OPEN eine Nummer zugeordnet, über die alle weiteren Zugriffe erfolgen. Diese Dateinummer wird hier angegeben.

"Maske" Mit "Maske" legen Sie die Formatierungsmerkmale für den <Ausdruck> fest. Die genaue Beschreibung finden Sie auf Seite 39.

<Ausdruck>

Hinter <Ausdruck> verbergen sich die auszugeben-den Daten. Hierbei kann es sich um Konstanten, Variablen, Ergebnisse von Berechnungen oder Ergebnisse von Funktionen handeln. Die Daten können beliebigen und unterschiedlichen Typs sein, müssen jedoch durch die "Maske" formatiert dar-stellbar sein.

Es gelten die beim PRINT USING für die Bildschirmausgabe aufgeführten Hinweise.

WRITE# — Daten in eine Datei schreiben

WRITE #<Dateinummer> [SPC(<Anzahl>)]
[<Ausdruck>...] [,]

Ausgabe von Daten in eine Datei.

<Dateinummer>

Damit beim Zugriff auf eine Datei nicht immer der ganze Name angegeben werden muß, wird der Datei beim OPEN eine Nummer zugeordnet, über die alle weiteren Zugriffe erfolgen. Diese Dateinummer wird hier angegeben.

SPC(<Anzahl>)

Hiermit wird eine durch Anzahl festgelegte Menge von Leerzeichen vor der Ausgabe in die Datei ausgegeben.

<Ausdruck>

Hinter Ausdruck verbergen sich die auszugebenden Daten. Hierbei kann es sich um Konstanten, Variablen, Ergebnisse von Berechnungen oder Ergebnisse von Funktionen handeln. Die Daten können beliebigen und unterschiedlichen Typs sein. Die Trennung erfolgt durch eines der folgenden Trennzeichen.

, Das Komma veranlaßt GW-BASIC bei der Ausgabe eine Tabulierung vorzunehmen, bevor die nächsten Daten in die Datei ausgegeben werden. Hierbei werden 8 Leerzeichen vor der Ausgabe in die Datei geschrieben.

Der WRITE#-Befehl entspricht dem PRINT#-Befehl mit folgenden Abweichungen:

Alle Ausdrücke werden eingeschlossen in Anführungszeichen und durch Komma getrennt ausgegeben.

Die Formatierung durch USING ist nicht möglich.

Die TAB-Funktion kann nicht mit WRITE# eingesetzt werden.

Das Semikolon (;) kann nicht zur Unterdrückung des Zeilenvorschubes eingesetzt werden.

INPUT# — Daten aus einer Datei lesen

INPUT #<Dateinummer>,<Variable>,...

Lesen von Daten aus einer Datei in Variable.

<Dateinummer>

Damit beim Zugriff auf eine Datei nicht immer der ganze Name angegeben werden muß, wird der Datei beim OPEN eine Nummer zugeordnet, über die alle weiteren Zugriffe erfolgen. Diese Dateinummer wird hier angegeben.

<Variable>

Hier geben Sie eine oder mehrere Variablen an, die die Daten aus der Datei aufnehmen sollen. Hier können auch Felder eines Arrays angegeben werden.

INPUT liest jeweils komplette Sätze aus der Datei und weist sie der oder den Variablen zu. Als Trennzeichen zwischen den Sätzen dient die CRLF-Sequenz ($0D0A). Wurden mit PRINT# die Trennzeichen Anführungszeichen (") oder Komma (,) in die Datei geschrieben, gelten diese als Trennzeichen zum nächsten Satz und können deshalb nicht Bestandteil eines Strings sein. Verwenden Sie hier den LINE INPUT#-Befehl zum einlesen. Beim Einlesen numerischer Daten wird das Leerzeichen als Trennzeichen angesehen. Achten Sie bei der Formatierung durch PRINT# USING darauf. Bei INPUT# wird die Meldung "Type mismatch" ausgegeben, wenn Sie versuchen Daten einzulesen, die nicht dem Typ der Variablen entsprechen.

INPUT$ — Zeichen aus einer Datei lesen

X$=INPUT$ (<Anzahl_Zeichen, [#<Dateinummer>])

Lesen einer vorgegebenen Anzahl Zeichen aus einer Datei.

<Anzahl_Zeichen>

Hier geben Sie an, wieviel Zeichen aus einer Datei gelesen werden sollen. Da das Ziel ein String ist, kann hier ein Wert zwischen 1 und 255 angegeben werden.

<Dateinummer>

Damit beim Zugriff auf eine Datei nicht immer der ganze Name angegeben werden muß, wird der Datei beim OPEN eine Nummer zugeordnet, über die alle weiteren Zugriffe erfolgen. Diese Dateinummer wird hier angegeben.

LINE INPUT# — Daten aus einer Datei lesen

LINE INPUT #<Dateinummer>, <Stringvariable>

Einlesen von Daten aus einer Datei inklusive Trennzeichen.

<Dateinummer>

Damit beim Zugriff auf eine Datei nicht immer der ganze Name angegeben werden muß, wird der Datei beim OPEN eine Nummer zugeordnet, über die alle weiteren Zugriffe erfolgen. Diese Dateinummer wird hier angegeben.

<Stringvariable>

Geben Sie hier den Namen einer Stringvariablen an, die die eingelesenen Daten aufnehmen soll. Hierbei kann auch das Feld eines String-Arrays angegeben werden.

LINE INPUT# liest solange Zeichen aus der Datei, bis ein CRLF ($0D0A) gefunden wurde oder 255 Zeichen gelesen sind.

EOF — Dateiende feststellen

EOF(<Dateinummer>)

Feststellen, ob beim Lesen einer Datei das Dateiende erreicht ist.

<Dateinummer>

Damit beim Zugriff auf eine Datei nicht immer der ganze Name angegeben werden muß, wird der Datei beim OPEN eine Nummer zugeordnet, über die alle weiteren Zugriffe erfolgen. Diese Dateinummer wird hier angegeben.

Bei RANDOM-Dateien liefert EOF das Ergebnis -1, wenn ein GET# hinter den letzten Satz der Datei vorgenommen wird. Hierzu ist die EOF-Kennung in der Datei nicht notwendig und wird, falls sie Bestandteil eines Satzes ist, auch nicht berücksichtigt.

LOF — Größe einer Datei ermitteln

X=LOF(<Dateinummer>)

Größe in Bytes einer zuvor mit OPEN geöffneten Datei ermitteln. Die als Ergebnis gelieferte Zahl ist mit 128 zu multiplizieren.

<Dateinummer>

Damit beim Zugriff auf eine Datei nicht immer der ganze Name angegeben werden muß, wird der Datei beim OPEN eine Nummer zugeordnet, über die alle weiteren Zugriffe erfolgen. Diese Dateinummer wird hier angegeben.

LOC — Dateiposition ermitteln

X=LOC(<Dateinummer>)

Ermitteln der Position des Dateizeigers. Der als Ergebnis gelieferte Wert gibt die Anzahl der Blöcke zu je 128 Bytes an, die gelesen bzw. geschrieben wurden.

<Dateinummer>

Damit beim Zugriff auf eine Datei nicht immer der ganze Name angegeben werden muß, wird der Datei beim OPEN eine Nummer zugeordnet, über die alle weiteren Zugriffe erfolgen. Diese Dateinummer wird hier angegeben.

FIELD# — Puffer für RANDOM definieren

FIELD #<Dateinummer>,<Länge> AS <Stringvariable>,...

Definition des für Schreib- und Lesezugriffe in RANDOM-Dateien notwendigen Datenpuffers. Dieser Puffer entspricht im allgemeinen dem Satzaufbau, wobei für jedes Feld eine Stringvariable angegeben wird.

<Dateinummer>

Damit beim Zugriff auf eine Datei nicht immer der ganze Name angegeben werden muß, wird der Datei beim OPEN eine Nummer zugeordnet, über die alle weiteren Zugriffe erfolgen. Diese Dateinummer wird hier angegeben.

<Länge> AS <Stringvariable>

Hiermit definieren Sie die einzelnen Felder des Puffers. Mit <Länge> geben Sie die Länge eines Feldes in Bytes an, dessen Inhalt in Stringvariable gespeichert wird. Für <Stringvariable> geben Sie den Namen einer normalen Stringvariablen an. Alle Felder des Puffers müssen in einer Programmzeile definiert werden.

Die FIELD-Variablen dürfen im Programm nicht wie normale Strings angesprochen werden, sondern erhalten ihren Wert über LSET und RSET zugewiesen, bevor sie mit PUT# gespeichert werden. Nach dem Lesen der Daten per GET# können Sie die Inhalte der FIELD-Variablen anderen Variablen zuweisen, Stringfunktionen anwenden oder per INPUT#/LINE INPUT# auslesen. Die Gesamtsumme der Feldlängen darf die beim OPEN angegebene Satzlänge nicht überschreiten, sonst gibt GW-BASIC die Fehlermeldung "FIELD overflow" aus. Liegt die Gesamtsumme der Feldlängen unter der beim OPEN angegebenen Satzlänge, meldet GW-BASIC keinen Fehler. Der Zugriff ist aber nur auf die Daten des Satzes möglich, die in den FIELD-Variablen Platz gefunden haben. Sie können für eine RANDOM-Datei im Laufe des Programmes verschiedene FIELD-Definitionen z.B. für unterschiedlichen Satzaufbau einsetzen. Deshalb besteht die Einschränkung, daß die FIELD-Definition nur eine Programmzeile umfassen darf. GW-BASIC nimmt grundsätzlich die letzte per Dateinummer zugeordnete FIELD-Definition als Basis! Wenn Sie mehrere RANDOMs in einem Programm im Einsatz haben, dürfen in den FIELD-Anweisungen der einzelnen Dateien keine Variablen doppelt definiert sein.

GET# — Daten aus RANDOM-Datei lesen

GET #<Dateinummer> [,<Satznummer>]

Lesen eines Satzes von Diskette in den durch FIELD definierten Puffer.

<Dateinummer>

Damit beim Zugriff auf eine Datei nicht immer der ganze Name angegeben werden muß, wird der Datei beim OPEN eine Nummer zugeordnet, über die alle weiteren Zugriffe erfolgen. Diese Dateinummer wird hier angegeben.

<Satznummer>

Mit <Satznummer> geben Sie den Satz vor, den Sie lesen möchten. Ohne Satznummer liest GET# den Satz, auf den der Dateizeiger momentan zeigt. <Satznummer> darf einen Wert zwischen 1 und (theoretisch) 16.777.215 haben.

GET# liest aus der Datei soviel Zeichen, wie mit Satzlänge beim OPEN angegeben wurden und speichert sie in den durch FIELD# definierten Variablen. Ist die Gesamtsumme der Feldlängen kleiner als die Satzlänge, so bleiben die überzähligen Zeichen unberücksichtigt.

LSET/RSET **Daten für RANDOMs formatieren**

LSET <FIELD_Variable> = <Stringvariable>
RSET <FIELD_Variable> = <Stringvariable>

Formatierung der FIELD-Variablen für die Speicherung in einer RANDOM-Datei. LSET nimmt eine linksbündige, RSET eine rechtsbündige Zuweisung vor.

<FIELD_Variable>

Geben Sie hier den Namen der in der FIELD-Anweisung festgelegten Stringvariablen an, der ein Inhalt zugewiesen werden soll.

<Stringvariable>

Geben Sie hier den Namen der Stringvariablen an, deren Inhalt der FIELD-Variablen zugewiesen werden soll.

LSET und RSET können auch auf normale Stringvariablen angewendet werden, um diese zu formatieren.

MKI$/MKS$/MKD$ RANDOM-Daten komprim.

X$=MKI$(<Ausdruck>)
X$=MKS$(<Ausdruck>)
X$=MKD$(<Ausdruck>)

Umwandlung eines numerischen Ausdruckes in einen String für die komprimierte Speicherung in RANDOM-Dateien.

<Ausdruck>

Geben Sie hier einen konstanten Wert, eine numerische Variable oder das Ergebnis einer Berechnung bzw. einer Funktion an.

MKI$ Das Ergebnis des numerischen Ausdruckes muß vom Datentyp INTEGER sein und wird in einem String von 2 Byte Länge zur Verfügung gestellt.

MKS$ Das Ergebnis des numerischen Ausdruckes muß vom Datentyp EINFACHE GENAUIGKEIT sein und wird in einem String von 4 Byte Länge zur Verfügung gestellt.

MKD$ Das Ergebnis des numerischen Ausdruckes muß vom Datentyp DOPPELTE GENAUIGKEIT sein und wird in einem String von 8 Byte Länge zur Verfügung gestellt.

Nach dem Komprimieren kann der Zielstring der FIELD-Variablen per LSET zugewiesen werden.

Beachten Sie bitte, daß mit MKI$, MKS$ und MKD$ komprimierte Daten nicht in sequentiellen Dateien gepeichert werden können, da das Bitmuster der Bytes einem Satztrennzeichen oder gar dem EOF-Kennzeichen entsprechen könnten.

CVI/CVS/CVD RANDOM-Daten entkomprimieren

X=CVI(<FIELD_Variable>)
X=CVS(<FIELD_Variable>)
X=CVD(<FIELD_Variable>)

Die mit MKI$/MKS$/MKD$ komprimierten Daten werden mit dieser Funktion in die normale numerische Darstellungsart gebracht.

<FIELD_Variable>

Hier wird der Name der FIELD-Variablen angegeben, der beim Speichern ein durch MKI$, MKS$ oder MKD$ erzeugter String zugewiesen wurde.

CVI Liefert als Ergebnis einen INTEGER-Wert.

CVS Liefert als Ergebnis einen Wert einfacher Genauigkeit.

CVD Liefert als Ergebnis einen Wert doppelter Genauigkeit.

Die Funktionen können sinnvoll nur auf Strings angewendet werden, die mit MKI$, MKS$ und MKD$ generiert wurden. Bei Anwendung auf andere Strings wird der gespeicherte Inhalt als komprimierte Daten angesehen und entsprechend konvertiert.

PUT# Daten in RANDOM-Datei schreiben

PUT#<Dateinummer> [,<Satznummer>]

Schreiben eines Satzes aus dem durch FIELD definierten Puffer auf Diskette.

<Dateinummer>

Damit beim Zugriff auf eine Datei nicht immer der ganze Name angegeben werden muß, wird der Datei beim OPEN eine Nummer zugeordnet, über die alle weiteren Zugriffe erfolgen. Diese Dateinummer wird hier angegeben.

<Satznummer>

Mit <Satznummer> geben Sie den Satz vor, in den Sie schreiben möchten. Ohne Satznummer schreibt PUT# den Satz, auf den der Dateizeiger momentan zeigt. <Satznummer> darf einen Wert zwischen 1 und (theoretisch) 16.777.215 haben.

PUT# schreibt aus dem Puffer soviel Zeichen, wie mit Satzlänge beim OPEN angegeben wurden in die Datei.

Bei falscher Satznummer gibt GW-BASIC die Meldung "Illegal function call" aus. Wenn die Gesamtsumme der Feldlängen im FIELD-Befehl kleiner ist als die Satzlänge, werden die im Puffer hinter dem letzten Feld liegenden Daten trotzdem mit in die Datei geschrieben. GW-BASIC richtet sich grundsätzlich nach der Satzlänge und nicht nach der Gesamtsumme der Feldlängen in der FIELD-Definition.

CLOSE — Datei schließen

CLOSE [#<Dateinummer>,...]

Datenpuffer auf Diskette schreiben und Datei schließen.

<Dateinummer>

Damit beim Zugriff auf eine Datei nicht immer der ganze Name angegeben werden muß, wird der Datei beim OPEN eine Nummer zugeordnet, über die alle weiteren Zugriffe erfolgen. Diese Dateinummer wird hier angegeben.

Nachdem eine Datei ordnungsgemäß geschlossen wurde, führen alle Versuche, in die Datei zu schreiben, sie zu lesen oder darauf eine Funktion anzuwenden zur Fehlermeldung "Bad file number" oder "Bad file mod".

KILL — Datei löschen

KILL <Dateispez>

Löschen einer Datei

<Dateispez>

Hierbei handelt es sich um eine den MS-DOS Konventionen entprechende Dateispezifikation bestehend aus Laufwerk, Pfad und Dateiname oder auch nur Teilen davon.

Die Dateispezifikation muß - im Gegensatz zu den MS-DOS-Befehlen - in Anführungszeichen (") stehen, wenn die Dateispezifikation konstant vorgegeben wird. Stringfunktionen sind hinter KILL nicht möglich, der String muß in einer vorangehenden Zeile zusammengesetzt werden. Die zu löschende Datei muß vorher ggf. mit CLOSE geschlossen werden, da sonst die Meldung "File allready open" ausgegeben wird.

NAME — Datei umbenennen

NAME "<alte_Dateispez>" TO "<neuer_Dateiname>"

Umbenennen einer Datei.

<alte_Dateispez>

Geben Sie hier Laufwerk, Pfad und Dateiname der Datei an, die umbenannt werden soll. Laufwerk und Pfad sind optional, der Dateiname muß mit Erweiterung angeben sein. Die Angabe kann als Konstante oder als Variable erfolgen.

<neuer_Dateiname>

Geben Sie hier den Dateinamen an, den die Datei jetzt erhalten soll. Der Dateiname muß mit Erweiterung angeben sein. Die Angabe kann als Konstante oder als Variable erfolgen.

Bei Angabe von Konstanten für die Dateispezifikationen müssen diese in Anführungszeichen (") stehen. Stringfunktionen sind nicht erlaubt, die Stringvariable muß in einer vorhergehenden Zeile zusammengesetzt werden. Wenn der in <neue_Dateispez> angegebene Dateiname bereits existiert, wird die Fehlermeldung "File allready exist" ausgegeben. Die Fehlermeldung "RENAME across disks" wird ausgegeben, wenn unterschiedliche Laufwerke angegeben werden. "File allready open" wird gemeldet, wenn Sie versuchen, eine im Zugriff stehende Datei umzubenennen.

LOCK **Datei/Datensatz sichern**

LOCK [#]<Dateinummer>[, [<VonDatensatz>] [TO <BisDatensatz>]]

Mit LOCK können in einem Netzwerk bzw. in einer Mehrplatzanlage eine ganze Datei bzw. bestimmte Datensätze gegen gleichzeitigen Zugriff gesichert werden. Dies ist z.B. notwendig, wenn mehrere Mitarbeiter auf ein und dieselbe Datei zugreifen können. Ohne LOCK kann es dabei passieren, daß Mitarbeiter 1 die gerade vorgenommene Änderung von Mitarbeiter 2 überschreibt. Beim Zugriff auf eine gesicherte Datei/einen gesicherten Datensatz wird ein Fehler 70, Permission denied (dt.: Zugriffserlaubnis verweigert) hervorgerufen.

[#]<Dateinummer>

Damit beim Zugriff auf eine Datei nicht immer der ganze Name angegeben werden muß, wird der Datei beim OPEN eine Nummer zugeordnet, über die alle weiteren Zugriffe erfolgen. Diese Dateinummer wird hier angegeben. Bitte beachten Sie, daß für LOCK die Datei besonders geöffnet werden muß (siehe OPEN-Befehl)!

<VonDatensatz>

Geben Sie hier an, ab welchem Datensatz die Datei gegen gleichzeitigen Zugriff gesichert werden soll.

TO <BisDatensatz>

Geben Sie hier an, bis zu welchem Datensatz einschließlich die Datei gegen gleichzeitigen Zugriff gesichert werden soll.

Die Angabe LOCK #<Dateinummer> ohne Angabe von Datensätzen sichert die gesamte Datei. Wird nur <VonDatensatz> angegeben, so wird lediglich der spezifizierte Datensatz gesichert. Wird nur TO <BisDatensatz> angegeben, so werden alle Datensätze vom ersten bis zum spezifizierten Datensatz gesichert. Bitte beachten Sie, daß ein LOCK mit der Angabe von Datensätzen nur auf RANDOM-Dateien angewendet werden kann. Bei einer sequentiellen Datei wird grundsätzlich die ganze Datei gesichert. Für <Datensatz> darf ein Wert zwischen 1 und 16.777.215 angegeben werden.

Hinweis: Bitte beachten Sie, daß für den ordnungsgemäßen Zugriff auf eine gesicherte Datei/einen gesicherten Datensatz in einer Fehlerbehandlungs-Routine gesorgt sein muß.

UNLOCK — Datei/Datensatz freigeben

UNLOCK [#]<Dateinummer>[, [<VonDatensatz>] [TO <BisDatensatz>]]

UNLOCK gibt die mit LOCK gesicherte Datei bzw. die gesicherten Datensätze wieder frei. Die Syntax entspricht dem LOCK-Befehl. UNLOCK muß mit den gleichen Parametern für die ggf. angegebenen <Datensätze> ausgeführt werden. Andernfalls wird ein Fehler 70 (siehe LOCK) hervorgerufen. Dies kann innerhalb einer Fehlerbehandlungs-Routine zu Endlosschleifen führen!

2.14 Ausgabe auf Drucker

LPRINT — Daten auf Drucker ausgeben

LPRINT [TAB(<Spalte>)] [SPC(<Anzahl>)] [<Ausdruck>...] [;] [,]

Ausgabe von Daten auf den an der parallelen Schnittstelle angeschlossenen Drucker.

<Spalte> Hiermit wird der Druckkopf auf eine Tabulatorposition des Druckers gesetzt. Die meisten Drucker bieten die Möglichkeit, per ESC-Sequenz festzulegen, an welchen Positionen die Tabualtoren gesetzt sind. Schauen Sie im Zweifelsfall in das Handbuch Ihres Druckers.

<Anzahl> Hiermit wird eine durch Anzahl festgelegte Menge von Leerzeichen in der aktuellen Ausgabezeile gedruckt.

<Ausdruck>

Hinter <Ausdruck> verbergen sich die auszuge-benden Daten. Hierbei kann es sich um Konstanten, Variablen, Ergebnisse von Berechnungen oder Ergebnisse von Funktionen handeln. Die Daten können beliebigen und unterschiedlichen Typs sein. Die Trennung erfolgt durch eines der folgenden Trennzeichen.

; Das Semikolon veranlaßt den Drucker bei der Ausgabe keine neue Zeile zu beginnen. Dadurch können mehrere Ausdrücke aufeinanderfolgend gedruckt werden.

, Über das Komma wird eine Tabulierung während der Ausgabe unabhängig vom Drucker über den Druckpuffer erreicht. Hierbei sind alle 14 Zeichen Tabulatorstops gesetzt.

Der Drucker kann auch als Datei geöffnet werden:

```
OPEN "LPTx:" FOR OUTPUT AS #1
PRINT#1,DRUCKAUSGABE$
```

Für x geben Sie die Nummer der Schnittstelle an, auf die die Ausgabe gehen soll. Mögliche Werte sind hier 1 bis 3. Als Ausgabebefehle kommen PRINT#, PRINT# USING und WRITE# in Betracht. Die Datei muß nach der Ausgabe per CLOSE geschlossen werden.

LPRINT USING — Daten formatiert drucken

LPRINT USING "Maske"; <Ausdruck>

Formatierte Ausgabe von Daten auf den an der parallelen Schnittstelle angeschlossenen Drucker.

"Maske" Mit "Maske" legen Sie die Formatierungsmerkmale für den Ausdruck fest. Die genaue Beschreibung finden Sie auf Seite 39.

<Ausdruck>

Hinter Ausdruck verbergen sich die auszugebenden Daten. Hierbei kann es sich um Konstanten, Variablen, Ergebnisse von Berechnungen oder Ergebnisse von Funktionen handeln. Die Daten können beliebigen und unterschiedlichen Typs sein, müssen jedoch durch die "Maske" formatiert darstellbar sein.

Es gelten die beim PRINT USING für die Bildschirmausgabe aufgeführten Hinweise.

WIDTH — Zeichen pro Druckzeile festlegen

WIDTH LPRINT <Anzahl_Zeichen>
WIDTH "LPT <Druckernummer>:" ,<Anzahl_Zeichen>

Festlegen der Anzahl zu druckender Zeichen pro Druckzeile.

<Anzahl_Zeichen>

Mit <Anzahl_Zeichen> legen Sie fest, wieviel Zeichen auf den Drucker ausgegeben werden, bevor eine CRLF-Sequenz gesendet wird. Die Anzahl der Zeichen kann einen Wert zwischen 0 und 255 haben.

<Druckernummer>

Durch Druckernummer geben Sie die Nummer der parallelen Schnittstelle an, über die der Drucker läuft. Sie können je nach vorhandenen Schnittstellen einen Wert zwischen 1 und 3 angeben.

Der Standardwert nach dem Einschalten beträgt bei einigen Versionen 80 Zeichen/Zeile für die Druckausgabe. Um unliebsamen Überraschungen vorzubeugen sollten Sie im Programm grundsätzlich den Befehl WIDTH "LPT1:",255 angeben.

LPOS — Position im Druckpuffer ermitteln

X=LPOS(<Druckernummer>)

Ermitteln der Position des Pufferzeigers im Druckpuffer.

<Druckernummer>

Die Druckernummer kann einen Wert zwischen 1 und 3 haben, je nachdem, wieviel parallele Schnittstellen installiert sind und welche davon angesprochen werden soll. Im Normalfall setzen Sie hier 1 ein.

LCOPY **Hardcopy erstellen**

LCOPY(<Zahl>)

Ausdruck des momentanen Bildschirminhaltes auf den an der parallelen Schnittstelle angeschlossenen Drucker.

<Zahl> Die Zahl kann jeden beliebigen Wert haben, GW-BASIC nimmt keine Prüfung dieser Zahl vor, da sie lediglich aus Kompatibilitätsgründen angegeben werden muß.

Bitte beachten Sie, daß LCOPY nur im Textmodus einwandfrei arbeitet. Die Hardcopy eines Grafikbildes können Sie mit LCOPY nicht ausgeben. Einige PCs werden mit dem Programm GRAPHICS.COM auf der Systemdiskette ausgeliefert. Nach dem Aufruf dieses Programms können Sie über <SHIFT>+<PrtSc> eine Grafik-Hardcopy ausgeben.

2.15 Fehlerbehandlung

ERL — Fehlerzeile ermitteln

X= ERL

ERL ist eine von GW-BASIC verwaltetet Systemvariable, die nach einem Fehler die Zeilennummer enthält, in der der Fehler aufgetreten ist.

ERL kann kein Wert zugewiesen werden.

ERR — Fehlernummer ermitteln

X= ERR

ERR ist eine von GW-BASIC verwaltete Systemvariable, die nach einem Fehler die Fehlernummer enthält.

ERR kann kein Wert zugewiesen werden.

ERDEV — Fehlernummer ermitteln

X= ERDEV

Die Funktion liefert als Ergebnis im Low-Byte die von MS-DOS über den INT 24h ermittelte Fehlernummer. Im Highbyte werden Informationen in Form eines Bitmusters über den fehlerverursachenden Gerätetreiber gegeben.

ERDEV$ Name des Fehlergerätes ermitteln

X$= ERDEV$

Diese Funktion liefert als Ergebnis die Identifikation des fehlerverursachenden Gerätes im Klartext:

PRN	Druckerfehler
A:, B: C: u.s.w.	Diskfehler
andere	Treiberfehler

ON ERROR GOTO Fehlermeldung abfangen

ON ERROR GOTO <Zeilennummer>

Bei einem Fehler wird keine Meldung ausgegeben, sondern das Programm ab Zeile <Zeilennummer> ausgeführt, wo eine entsprechende Behandlung vorgenommen wird.

<Zeilennummer>

Hier geben Sie an, ab welcher Programmzeile die Fehlerbehandlungsroutine zu finden ist. Wenn <Zeilennummer> = 0 ist, so wird die Fehlerbehandlung abgeschaltet und GW-BASIC gibt die Meldungen wie gewohnt sofort aus.

RESUME Programm nach Fehler fortführen

RESUME [<Zeilennummer>] [NEXT] [0]

Nach der Behandlung eines Fehlers aufgrund eines ausgeführten ON ERROR GOTO muß das Programm mit RESUME fortgeführt werden.

<Zeilennummer>

Geben Sie hier die Zeilennummer an, ab der das Programm fortgeführt werden soll.

NEXT — Geben Sie NEXT an, so wird das Programm mit der Anweisung fortgeführt, die der fehlerverursachenden Anweisung folgt.

0 — Die fehlerverursachende Anweisung wird erneut ausgeführt. Die gleiche Wirkung wird erzielt, wenn RESUME ohne Parameter angegeben ist.

ERROR — Eigene Fehler erzeugen

ERROR <Fehlernummer>

Generierung einer Fehlermeldung z.B. für Behandlung eigener Fehler in der Fehlerbehandlungsroutine.

<Fehlernummer>

Hier kann ein Wert zwischen 1 und 255 angegeben werden.

Eigene Fehlertexte können nicht generiert werden. Es wird lediglich ein Fehler mit der angegebenen Nummer erzeugt und ERL wird die Zeilennummer der ERROR-Anweisung zugewiesen.

EXTERR — Erweiterter Fehlercode

X= EXTERR(<Ausdruck>)

Ab Betriebssystem-Version 3.xx stellt MS-/PC-DOS erweiterte Fehlercodes zur Verfügung, anhand derer sich ein Fehler besser einkreisen läßt. Die erweiterten Fehlercodes werden in 4 Kategorieren eingeteilt, die durch den Parameter <Ausdruck> spezifiziert werden:

0	Fordert den erweiterten Fehlercode an.
1	Fordert die Fehlerklasse an.
2	Fordert die vom Betriebssystem erwartete Fehlerbehandlung an.
3	Fordert die Fehlerlokalisierung an.
Hinweis:	Insgesamt liefert die Funktion EXTERR je nach <Ausdruck> runde 100 verschiedene Ergebnisse zurück, so daß an dieser Stelle auf weiterführende Literatur (*Programmer's Reference Manual*) verwiesen werden muß.

2.16 Sound/Tonerzeugung

BEEP — Einfachen Ton ausgeben

BEEP

Ausgabe eines einfachen Tones.

SOUND — Variablen Ton ausgeben

SOUND <Frequenz>, <Länge>

Ausgabe eines Tones mit variabler Frequenz und Ausgabedauer.

<Frequenz>	Hier können Sie einen Wert zwischen 37 und 32767 für die Höhe des auszugebenden Tones angeben
<Länge>	Hier geben Sie den Zeitraum an, über den der Ton ausgegeben werden soll. Mögliche Werte liegen zwischen 1 und 65535.

PLAY — Tonfolgen programmieren

PLAY <String>

Ausgabe der in einem String definierten Tonfolge.

<String>	Der String kann folgende Angaben für die Definition der auszugebenden Tonfolge enthalten:

MF(Modus Forground)

Die Tonerzeugung läuft im Vordergrund ab, eine neue PLAY-Anweisung wird erst ausgeführt, wenn die letzte beendet ist.

MB(Modus Background)

Die Tonerzeugung läuft im Hintergrund ab. Das Programm wird weiter ausgeführt. Für die Tonerzeugung können dann maximal 32 Zeichen übergeben werden.

MN(Modus Normal)

Die Tonerzeugung wird normal, also wie im String angegeben, ausgeführt.

ML(Modus Legato)

Die Tonerzeugung wird "legato", also wie im String durch "L" angegeben, ausgeführt.

MS (Modus Staccato)

Die Tonerzeugung wird "staccato", also in 3/4 der Zeit, die durch "L" angegeben wurde, ausgeführt.

Ox (Oktave)

Mit x wird die gewünschte Oktave angegeben. x kann einen Wert zwischen 0 und 6 haben.

> (Größer-Zeichen)

Die Oktave wird in 1er-Schritten bis maximal Oktave 6 erhöht.

< (Kleiner-Zeichen)

Die Oktave wird in 1er-Schritten bis minimal Oktave 0 verringert.

A bis G [-][+]

Steht für eine Note der Tonfolge A bis G, mit dem Pluszeichen (+) wird ein Halbton höher angegeben, mit dem Minuszeichen (-) ein Halbton niedriger.

N<Notennummer>

Für <Notennummer> steht eine der 84 möglichen Noten innerhalb der zur Verfügung stehenden 7 Oktaven. Mit <Notennummer>=0 wird eine Pause angegeben.

P<Notenlänge>

Verursacht eine Pause. Die Länge der Pause entspricht der <Notenlänge>, die mit 1 bis 64 angegeben werden kann. <Notenlänge>=4 ergibt also eine Pause von 1/4- Note.

L<Notenlänge>

Legt die Länge der folgenden Noten fest. <Notenlänge> kann mit 1 bis 64 angegeben werden. Steht L mit Parameter hinter der Note, gilt L nur für diese Note.

T<Tempo>

Legt das Tempo für die Tonerzeugung, also die Anzahl der 1/4-Noten pro Minute, fest. <Tempo> kann einen Wert zwischen 32 und 255 haben.

. (Punkt)

Der Punkt veranlaßt, daß die Tonerzeugung 3/2 mal so lang läuft, wie mit L und T festgelegt wurde. Bei mehreren Punkten hintereinander addiert sich der Wert entsprechend.

X<Stringvariable>;

Die Angaben der Stringvariablen werden in den momentanen String eingefügt. Dies entspricht in etwa einem "Unterprogramm". Vergessen Sie nicht das Semikolon (;) nach der Variablen!

Für die numerischen Parameter können Variablen eingesetzt werden. Im String machen Sie dies folgendermaßen kenntlich:

"T=Tempo;"

Bitte beachten Sie, daß im Gegensatz zu "X Stringvariable" ein Gleichheitszeichen (=) angegeben werden muß.

2.17 Grafik

SCREEN — Grafikmodus wählen

SCREEN [<Modus>] [,<Farbe>] [,<Ausgabeseite>] [,<Anzeigeseite>]

Umschalten in den Grafikmodus und festlegen der Auflösung.

<Modus> Mit <Modus> legen Sie einen dieser Grafikmodi fest:

```
0 = zurück in den Textmodus
1 = Grafik 320*200 Punkte, 4 Farben
2 = Grafik 640*200 Punkte, 2 Farben
3 = Sondermodus für spezielle Grafikkarten
7 = Grafik 320*200 Punkte, 16 Farben (EGA)
8 = Grafik 640*200 Punkte, 16 Farben (EGA)
9 = Grafik 640*350 Punkte, 16 aus 64 Farben (EGA)
10 = Grafik 640*350 Punkte, 4 aus 9 Farben (EGA)
```

<Ausgabeseite>, <Anzeigeseite>

Im Grafikmodus gibt es jeweils nur eine Bildschirmseite, die Parameter bleiben hier unberücksichtigt.

<Farbe> Ist <Farbe> beim Aufruf des SCREEN-Befehls =1, dann bleiben die aktuellen Farben bestehen, bei <Farbe>=0 werden die Standardfarben schwarzer Hintergrund und weiße Zeichenfarbe für den jeweiligen Modus gesetzt.

COLOR **Grafikfarben wählen**

COLOR [<Vordergrund>] [,<Hintergrund>] [,<Textfarbe>]

Festlegen der Farben für den hochauflösenden Grafikmodus (640*200 Punkte).

Alle Parameter können mit 0 für Schwarz oder 1 für Weiß angegeben werden.

Grafikbefehle, bei denen als Parameter eine Zeichenfarbe angegeben wird, beziehen sich auf die mit COLOR festgelegten Werte für Vordergrund und Hintergrund. Hierbei wird ggf. eine Umrechnung vorgenommen:

Wert	Farbe
0	Schwarz
1	Weiß
2	Schwarz
3	Weiß

COLOR **Grafikfarbe wählen**

COLOR [<Hintergrund>] [,<Palette>] [,<Graf_Hi_Gru>] [,<Graf_Vor_Gru>] [,<Textfarbe>]

Festlegen der Farben für den mittelauflösenden Grafikmodus (320*200 Punkte).

<Hintergrund>

Mit Hintergrund geben Sie Rahmen- und Hintergrundfarbe des kompletten Bildschirms an. Sinnvoll sind Werte von 0 bis 15.

<Palette> Mit <Palette> geben Sie an, aus welcher der beiden Paletten die Farben für die Zeichenfarbe der Grafikbefehle geholt werden sollen:

```
Palette 0    Farbe 0= Hintergrundfarbe
             Farbe 1= Grün
             Farbe 2= Rot
             Farbe 3= Gelb

Palette 1    Farbe 0= Hintergrundfarbe
             Farbe 1= Cyan
             Farbe 2= Magenta
             Farbe 3= Weiß
```

<Graf_Hi_Gru>, <Graf_Vor_Gru>

Hier legen Sie in Abhängigkeit von der Palette die Standardwerte für die Zeichenfarbe der Grafikbefehle fest.

<Textfarbe>

Hier geben Sie an, in welcher Farbe der Palette der Text angezeigt werden soll. Beachten Sie, daß Farbe 0 für <Textfarbe> nicht erlaubt ist!

PSET — Grafikpunkt setzen

PSET [STEP] (X,Y) [,<Zeichenfarbe>]

Setzen eines Punktes auf dem Grafikbildschirm an vorgegebenen Koordinaten.

(X,Y) und **STEP**

Bei PSET ohne STEP sind (X,Y) die Absolutkoordinaten des Punktes, bei STEP geben (X,Y) die relative Position zur letzten angesprochenen Position auf dem Bildschirm an. Mögliche Werte für Y sind 0 bis 199, für X je nach Auflösung 0 bis 319 bzw. 639.

<Zeichenfarbe>

Hier geben Sie an, in welcher Farbe der Punkt gesetzt werden soll. Mögliche Werte sind 0 bis 3. Bei fehlender Zeichenfarbe wird der durch den COLOR-Befehl vorgegebene Wert für

<Graf_Vor_Gru> bzw. <Vordergrund> eingesetzt.

PRESET — Grafikpunkt löschen

PRESET [STEP] (X,Y) [,<Zeichenfarbe>]

Löschen eines Punktes auf dem Grafikbildschirm an den vorgegebenen Koordinaten.

(X,Y) und **STEP**

Bei PSET ohne STEP sind (X,Y) die Absolutkoordinaten des Punktes, bei STEP geben (X,Y) die relative Position zur letzten angesprochenen Position auf dem Bildschirm an. Mögliche Werte für Y sind 0 bis 199, für X je nach Auflösung 0 bis 319 bzw. 639.

<Zeichenfarbe>

Hier können Sie angeben, in welcher Farbe der Punkt gesetzt werden soll. Mögliche Werte sind 0 bis 3. Bei fehlender Zeichenfarbe wird der Punkt in der aktuellen Hintergrundfarbe gesetzt und somit gelöscht.

LINE — Linien und Rechtecke zeichnen

LINE [STEP] [(<von_X>,<von_Y>)] - [STEP] (<bis_X>, <bis_Y>) [,<Zeichenfarbe>] [,B[F]] [,<Raster>]

Zeichnen von Linien oder Rechtecken.

(<von_X>,<von_Y>)

Koordinaten, von denen aus die Linie gezeichnet werden soll. Bei einem Rechteck legen Sie hier die linke untere Ecke fest. Werden die (<von_X>, <von_Y>)-Koordinaten weggelassen, gelten die Koordinaten des vorherigen

Befehls. Bei Angaben ohne STEP sind (X,Y) jeweils die Absolutkoordinaten des Punktes, bei STEP geben (X,Y) jeweils die relative Position zur letzten angesprochenen Position auf dem Bildschirm an. Mögliche Werte für Y sind 0 bis 199, für X je nach Auflösung 0 bis 319 bzw. 639.

(<bis_X>,<bis_Y>)

Hier geben Sie den Zielpunkt der Linie an. Bei einem Rechteck legen Sie die rechte obere Ecke fest. Beide Werte müssen in jedem Fall angegeben werden. Bei PRESET ohne STEP sind (X,Y) die Absolutkoordinaten des Punktes, bei STEP geben (X,Y) die relative Position zur letzten angesprochenen Position auf dem Bildschirm an. Mögliche Werte für Y sind 0 bis 199, für X je nach Auflösung 0 bis 319 bzw. 639.

<Zeichenfarbe>

Hier geben Sie an, in welcher Farbe die Linie bzw. das Rechteck gezeichnet werden soll. Mögliche Werte sind 0 bis 3. Bei fehlender Zeichenfarbe wird der durch den COLOR-Befehl vorgegebene Wert für <Graf_Vor_Gru> bzw. <Vordergrund> eingesetzt.

B Wenn das B angegeben wird, weiß GW-BASIC, daß ein Rechteck gezeichnet werden soll. Die angegeben Koordinaten werden entsprechend interpretiert.

F Das F nach dem B besagt, daß das gezeichnete Rechteck mit Farbe auszufüllen ist. Für das Ausfüllen kann keine eigene Farbe vorgegeben werden, hier wird der mit COLOR gesetzte Wert verwendet.

<Raster> Mit diesem Parameter kann angegeben werden, wie die gezogene Linie aussehen soll. Standardmäßig wird die Linie durchgehend gezogen. Für <Raster> kann maximal eine 16-Bit-Maske vorgegeben werden.

Der LINE-Befehl rechnet Koordinaten, die außerhalb der mit SCREEN definierten maximalen Auflösung liegen, in die möglichen Werte um, ohne daß das Programm mit einer Fehlermeldung abgebrochen wird.

CIRCLE — Kreise und Ellipsen zeichnen

CIRCLE [STEP] (<Mittel_pX>, <Mittel_pY>), <Radius> [,<Zeichenfarbe>] [,<Ausschn_Anfang>,<Ausschn_Ende>] [,<Achsen_Verhältnis>]

Zeichnen eines Kreises oder einer Ellipse auf dem Grafikbildschirm an den angegebenen Koordinaten.

(<Mittel_pX>,<Mittel_pY>)

Geben den Mittelpunkt an, um den der Kreis oder die Ellipse gezeichnet werden soll. Bei Angaben ohne STEP sind (X,Y) die Absolutkoordinaten des Punktes, bei STEP geben (X,Y) die relative Position zur letzten angesprochenen Position auf dem Bildschirm an. Mögliche Werte für Y sind 0 bis 199, für X je nach Auflösung 0 bis 319 bzw. 639.

<Radius> Definiert den Durchmesser des Kreises bzw. der Ellipse in Bildpunkten. Ergeben sich durch <Radius> Werte, die außerhalb der mit SCREEN festgelegten Auflösung liegen, wird nur der Teil gezeichnet, der auf dem Bildschirm zu sehen ist.

<Ausschn_Anfang>,<Ausschn_Ende>

Zum Zeichnen von Kreis-/Ellipsen-Ausschnitten wird hier der zu zeichnende Ausschnitt festgelegt. Der Wert bezeichnet den Winkel im Bogenmaß. Gültig sind Werte von -

2*PI bis +2*PI. Bei negativen Werten wird der Mittelpunkt mit dem Kreis-/Ellipsenbogen verbunden.

<Achsenverhältnis>

Dieser Parameter ist zuständig für die Form des Kreises. Bei einem Wert von 1 wird ein Kreis, bei abweichenden positiven oder negativen Werten eine Ellipse gezeichnet.

PAINT — Grafiken mit Farbe füllen

PAINT [STEP] (X,Y) [,<Modus>] [,<Randfarbe>]

Füllen eines abgegrenzten Bereiches mit einer bestimmten Farbe oder einem Raster.

(X,Y) und **STEP**

Bei PAINT ohne STEP sind (X,Y) die Absolutkoordinaten des Punktes, bei STEP geben (X,Y) die relative Position zur letzten angesprochenen Position auf dem Bildschirm an, die innerhalb des zu füllenden Bereiches liegt. Mögliche Werte für Y sind 0 bis 199, für X je nach Auflösung 0 bis 319 bzw. 639.

<Modus> Hier geben Sie vor, ob der Bereich mit Farbe oder mit einem Muster gefüllt werden soll. Hat <Modus> einen Wert zwischen 0 und 3, so ist dies die zu verwendende Zeichenfarbe. Andernfalls können Sie eine 8 Bit breite und 64 Byte hohe Maske als Muster vorgeben. Dieses Muster wird dann in der durch COLOR festgelegten Standardfarbe gezeichnet. Das Muster wird mittels der CHR$-Funktion angegeben.

<Randfarbe>

Der Bereich, der mit Farbe oder Muster gefüllt werden soll, muß von einer durchgehenden Linie und/oder einem Kreisbogen umgeben sein.

Die Farbe dieser Abgrenzung geben Sie mit 0 bis 3 als Randfarbe an, damit die Grenzen des Bereiches erkannt werden können. Beachten Sie, daß, wenn auch nur ein einzelner Punkt der Begrenzung nicht gesetzt ist, die Farbe oder das Muster durch diese Lücke "schlüpft" und notfalls den ganzen Bild-schirm ausfüllt.

DRAW — Variable Grafiken zeichnen

DRAW <String>

Zeichnen einer Grafik, deren Aussehen in einem String festgelegt wird.

<String> Der String kann als Konstante, als Variable oder als zulässige Verknüpfung beider Typen vorgegeben werden. Die aktuelle Zeichenposition, bei der DRAW mit dem Zeichnen anfängt, ist entweder der Mittelpunkt des Bildschirmes direkt nach dem SCREEN-Befehl oder die zuletzt verwendete Position eines anderen Grafikbefehls. Andere Positionen müssen vor DRAW z.B. mit PSET gesetzt werden. Folgende Optionen/Parameter können Bestandteil des Strings sein:

U<Anzahl> Zeichnet um <Anzahl> Punkte nach oben.

D<Anzahl> Zeichnet um <Anzahl> Punkte nach unten.

L<Anzahl> Zeichnet um <Anzahl> Punkte nach links.

R<Anzahl> Zeichnet um <Anzahl> Punkte nach rechts.

E<Anzahl> Zeichnet diagonal um <Anzahl> Punkte nach rechts oben.

H<Anzahl> Zeichnet diagonal um <Anzahl> Punkte nach links oben.

F<Anzahl> Zeichnet diagonal um <Anzahl > Punkte nach rechts unten.

G<Anzahl> Zeichnet diagonal um <Anzahl> Punkte nach links unten.

Wenn Sie die Anzahl variabel vorgeben möchten, muß vorher eine Umwandlung vom numerischen- in das Stringformat erfolgen oder die Variable durch ein Gleichheitszeichen davor und ein Semikolon (;) nach der Variablen kenntlich gemacht sein:

```
DRAW "U=HOCH%;".
```

B<Richtung>

Bewegt den "Bleistift" um einen Punkt in die angegebene Richtung ohne den Punkt zu zeichnen.

N<Richtung>

Bewegt den "Bleistift" um einen Punkt in die angegebene Richtung, der Punkt wird gezeichnet.

Für Richtung können Sie einen der vorgenannten Buchstaben U, D, L, R, E, F, G oder H einsetzen.

M<X,Y> Sind <X,Y> ohne Vorzeichen angegeben (Absolutkoordinaten), wird eine Linie vom aktuellen Punkt zum mit <X,Y> angegebenen Punkt gezogen. Ist X,Y mit Vorzeichen (+/-) angegeben, wird <X,Y> als Relativkoordinate angesehen und die absolute Position entsprechend berechnet.

C<Farbe> Legt die Zeichenfarbe fest, gültige Werte sind 0 bis 3 gemäß Palette.

P<Füllfarbe>,<Randfarbe>

Füllt eine durch Randfarbe abgeschlossene Figur mit Füllfarbe, beide Werte können zwischen 0 und 3 liegen. Der "Bleistift" muß innerhalb der Umrandung positioniert sein. P arbeitet nicht mit Standardwerten, es müssen also beide Parameter angegeben sein.

A<Winkel> Legt den Winkel für die nachfolgende Bewegung fest. Mögliche Werte: 0 = 0 Grad, 1 = 90 Grad, 2 = 180 Grad und 3 = 270 Grad. Diese Angabe hat Vorrang vor der Bewegungsrichtung. Geben Sie z.B. A3 an, dann geht L statt nach links, nach rechts.

TA<Winkel>

Legt den Winkel für die nachfolgende Bewegung fest. Im Gegensatz zu A kann der Winkel frei gewählt werden. Mögliche Werte sind -360 bis +360.

S<Faktor> Legt den Wert nach der Formel Faktor/4 fest, mit dem alle numerischen Parameter der nachfolgenden Bewegungen multipliziert werden. Dadurch können Figuren in variablen Größen gezeichnet werden. Bei M hat S nur bei Relativkoordinaten Wirkung. Mögliche Werte sind 1 bis 255.

X<String_Var>;

Die in der <String_Var> enthaltenen Anweisungen werden an der momentanen Position eingefügt und ausgeführt. Dadurch können Sie wiederkehrende Vorgänge auslagern und bei Bedarf einbinden. Vergessen Sie nicht das Semikolon (;) nach der Variablen!

POINT — Farbe eines Grafikpunktes ermitteln

X= POINT(X,Y)

Diese Funktion liefert als Ergebnis die Farbe des an den angegebenen Koordinaten befindlichen Punktes.

(X,Y) — X und Y sind die Koordinaten des entsprechenden Punktes. Das Ergebnis liegt zwischen 0 und 3 und gibt die im COLOR-Befehl über <Palette> angegebene Farbe an.

VIEW — Fenster für Grafik definieren

VIEW [SCREEN] (X1,Y1)-(X2,Y2) [,<Hi_Gru_Farbe>] [,<Rahmenfarbe>]

Festlegen der Ausmaße eines Fensters und dessen Farbe für die anschließende Ausgabe von Grafiken.

(X1,Y1)-(X2,Y2)

Die Koordinaten beziehen sich auf die linke untere und die rechte obere Ecke des Bildschirms und definieren die Größe des Fensters.

<Hi_Gru_Farbe>

Hier legen Sie die Hintergrundfarbe des WINDOWs fest. Mögliche Werte sind 0 bis 3.

<Rahmenfarbe>

Legt die Farbe des Rahmens, der in einer ein Punkt starken Linie um das WINDOW gelegt wird, fest. Beachten Sie, daß dieser Rahmen nur dort gezogen wird, wo Platz ist. Wenn Sie das WINDOW in irgendeine Ecke legen, kann es also sein, daß nur die dem Bildschirminneren zugewandten Seiten einen Rahmen bekommen.

Nach VIEW gelten alle Koordinaten der Grafikbefehle relativ zu den festgelegten Grenzen des WINDOWs, das heißt, bei Koordinate (10,10) wird 10 zum festgelegten rechten Rand und 10 zum festgelegten oberen Rand des WINDOWs addiert. Möchten Sie innerhalb des WINDOWs mit Absolutkoordinaten arbeiten, müssen Sie VIEW mit der SCREEN-Option angeben. Die rechte obere Ecke des WINDOWs hätte dann die Koordinaten (0,0).

WINDOW — Koordinaten ändern

WINDOW [SCREEN] (X1,Y1)-(X2,Y2)

Mit diesem Befehl können Sie ein eigenes Koordinatenkreuz für das aktuelle WINDOW definieren. In der Praxis werden dies die Weltkoordinaten sein, bei denen der Punkt 0,0 in der Mitte des Bildschirmes liegt und die X-Werte noch oben hin positiv und nach unten hin negativ und die Y-Werte nach rechts positiv und nach links negativ angegeben werden.

(X1,Y1)-(X2,Y2)

Diese Parameter beziehen sich jeweils auf die linke untere und die rechte obere Ecke des WINDOWs und geben die neuen Grenzwerte an. Mit der SCREEN-Option können Sie die Zuordnung ändern. (X1,Y1) bezieht sich dann auf die linke obere Ecke und (X2,Y2) bezieht sich auf die rechte untere Ecke des WINDOWs.

PMAP — Umrechnung von Koordinaten

X=PMAP (<Koordinate>), <Modus>

Umrechnung der mit WINDOW geänderten Koordinaten und umgekehrt.

<Koordinate>

Hier handelt es sich entweder um eine X- oder eine Y-Koordinate, die entsprechend Modus umgerechnet wird:

<Modus>=0 Die angegebene Koordinate wird als X-Koordinate entsprechend dem mit WINDOW festgelegten Koordinatenkreuz angesehen und in die Absolutkoordinate umgerechnet.

<Modus>=1 Die angegebene Koordinate wird als Y-Koordinate entsprechend dem mit WINDOW festgelegten Koordinatenkreuz angesehen und in die Absolutkoordinate umgerechnet.

<Modus>=2 Die angegebene Koordinate wird als absolute X-Koordinate angesehen und entsprechend dem mit WINDOW festgelegten Koordinatenkreuz umgerechnet.

<Modus>=3 Die angegebene Koordinate wird als absolute Y-Koordinate angesehen und entsprechend dem mit WINDOW festgelegten Koordinatenkreuz umgerechnet.

GET — Grafiken speichern

GET [STEP] (X1,Y1)- [STEP] (X2,Y2), <Array>

Speichern von Grafiken in einem Array und von dort aus auf Diskette oder Festplatte bzw. für Bewegungen auf dem Bildschirm.

(X1,Y1), (X2,Y2) und STEP

(X1,Y1) sind die Absolutkoordinaten der linken unteren Ecke, (X2,Y2) die Absolutkoordinaten der rechten oberen Ecke des Bereiches, der gespeichert werden soll. Bei angegebenem STEP geben (X1,Y1) und (X2,Y2) die relative Position zur letzten angesprochenen Position auf dem Bildschirm an. Mögliche Werte für Y sind 0 bis 199, für X je nach Auflösung 0 bis 319 bzw. 639.

<Array> Geben Sie den Namen des Arrays ohne Klammern an, in dem die Grafik gespeichert werden soll. Dieses Array muß vorher mit DIM entsprechend groß dimensoniert worden sein. Die Dimensionierung errechnet sich nach folgender Formel:

```
X=4+INT((PunkteX*B+7)/8)*PunkteY
```

X ist das Ergebnis in Bytes
B=1 für Auflösung 640*200 Punkte
B=2 für Auflösung 320*200 Punkte
PunkteX= Breite der Grafik in Punkten
PunkteY= Höhe der Grafik in Punkten

Das Feld eines Arrays kann je nach Datentyp unterschiedlich viele Bytes aufnehmen:

```
INTEGER:                   2 Bytes
Einfache-Genauigkeit:      4 Bytes
Doppelte Genauigkeit:      8 Bytes
```

Berücksichtigen Sie dies bei der Berechnung.

Im ersten Element (0) des Arrays wird die X-Dimension gespeichert, im zweiten Element (1) die Y-Dimension. Bei OPTION BASE 1 gilt dann Element (1) für X und Element (2) für Y. Danach folgen als Bitmuster die Daten der Grafik, jeweils als Zeile entlang der X-Achse gelesen und gespeichert. Dabei wird der Rest des Elements mit 0-Bits aufgefüllt, wenn sich die letzten Punkte der gelesenen Bitmap nicht im ganzen Byte speichern lassen. Sie sollten als Array ein INTEGER-Array verwenden, da Sie die darin gespeicherten Daten vor einer Ausgabe ggf. einfacher manipulieren können. Vor dem Einsatz des GET-Befehls muß mit dem WINDOW-Befehl das für GET zugrunde zu legende Koordinatenfeld definiert werden.

PUT — Gespeicherte Grafik ausgeben

PUT (X,Y),<Array> [,<Modus>]

Ausgabe einer mit GET in einem Array gespeicherten Grafik.

(X,Y) — (X,Y) bezeichnen den linken oberen Punkt, ab dem die Grafik in X- und Y-Dimension ausgegeben werden soll. Mögliche Werte für Y sind 0 bis 199, für X je nach Auflösung 0 bis 319 bzw. 639.

<Array> — Dies ist das Array, das die auszugebende Grafik beinhaltet.

<Modus> — Hier geben Sie an, wie die gespeicherte Grafik ausgegeben werden soll:

PSET

Die Grafik wird genauso ausgegeben, wie sie eingelesen wurde.

PRESET

Die Grafik wird invertiert ausgegeben, das heißt, als gesetzt gespeicherte Punkte werden als gelöscht angezeigt und als gelöscht gespeicherte Punkte werden als gesetzt angezeigt.

XOR

Die auszugebende Grafik wird Punkt für Punkt mit den im Bereich liegenden Punkten XOR-verknüpft.

AND

Die auszugebende Grafik wird Punkt für Punkt mit den im Bereich liegenden Punkten AND-verknüpft.

OR

Die auszugebende Grafik wird Punkt für Punkt mit den im Bereich liegenden Punkten OR-verknüpft.

PALETTE Farbzuordnung festlegen

PALETTE [<AlteFarbe>,<NeueFarbe>]

Mit PALETTE wird bei Einsatz einer EGA-Karte die Zuordnung der Farben festgelegt. Insgesamt stehen 64 Farben zur Verfügung, von denen jedoch nur 16 gleichzeitig darstellbar sind.

<AlteFarbe>

Geben Sie hier einen Wert von 0 bis 15 für die momentan gesetzte Farbe ein, die geändert werden soll.

<NeueFarbe>

Geben Sie hier eine Farbe zwischen 0 und 63 an, die in Zukunft der <AltenFarbe> zugeordnet werden soll.

Der Befehl PALETTE 4,14 ordnet beispielsweise der bisher als Rot festgelegten Farbe 0 die neue Farbe 14 (Gelb) zu. Alle Zeichen oder Grafiken, die bis dahin in Rot angezeigt wurden, erscheinen nun in Gelb. Der Aufruf PALETTE ohne Parameter setzt die Standard-Palette (siehe "Bildschirmaufbau", Befehl COLOR).

PALETTE USING Farbzuordnung festlegen

PALETTE USING <ARRAY-Name>(<Index>)

Im Gegensatz zu PALETTE, wo nur jeweils eine Farbzuordnung geändert werden kann, wird hier die gesamte Palette von 16 Farben neu gesetzt.

<ARRAY-Name>

Geben Sie hier den Namen eines INTEGER-Arrays an, in dem die neue Zuordnung gespeichert ist.

<Index> Geben Sie hier einen Index in das ARRAY ein, ab dem die Werte für die Zuordnung gespeichert sind. Die gültigen Werte richten sich nach der DIMensionierung des ARRAYs.

Durch Verwendung des (Index) können im ARRAY mehrere Zuordnungen gespeichert werden. Dadurch ist ein schnelles Umschalten zwischen verschiedenen Darstellungen möglich. So könnten ein ARRAY Farben(63) beispielsweise alle gültigen Werte von 0 bis 63 enthalten. Durch PALETTE USING Farben(Zähler) und erhöhen des Zählers um jeweils 16 würden alle 64 Farben angezeigt werden.

2.18 Schnittstellen

OPEN COM — Kommunikationskanal öffnen

OPEN "COM<Kanal>:[<Baudrate>] [,<Parität>] [,<Wortbreite>] [,<Stopbits>] [,RS] [,CS[<Zeit>]] [,DS[<Zeit>]] [,CD[<Zeit>]] [,BIN] [,ASC] [,LF]" [FOR <Modus>] AS #[<Dateinummer>] [,LEN=<Satzlänge>]

Öffnen und Initialisieren der seriellen Schnittstelle für Kommunikationszwecke mit z.B. einem Modem oder einem zweiten PC.

<Kanal> Gibt die Nummer der Schnittstelle an. Im Normalfall ist in Ihrem PC nur eine vorhanden, Sie geben also 1 an.

<Baudrate> Legt die Anzahl der Bits pro Sekunde für die Übertragung fest. Dieser Wert muß mit der Baudrate des angesprochenen Peripheriegerätes übereinstimmen. Bei fehlender Angabe wird als Baudrate 300 gesetzt. Mögliche Werte sind: 75, 110, 150, 300, 600, 1200, 1800, 2400, 4800 und 9600.

<Parität> Legt die Parität für die Übertragung fest. Dieser Wert muß mit der Einstellung des angesprochenen Peripheriegerätes übereinstimmen. Bei fehlender Angabe wird Parität = N gesetzt. Folgende Abkürzungen können angegeben werden:

```
N  Keine Parität
E  Gerade Parität
U  Ungerade Parität
S  Leerzeichen oder
M  Markierung
```

<Wortbreite>

Legt die Anzahl der Bits pro Zeichen fest. Bei fehlender Angabe werden 7 Bits pro Zeichen festgelegt. Weitere Möglichkeiten sind 5, 6 und 8 Bits/Zeichen.

<Stopbits> Legt die Anzahl der nach einem Zeichen zu sendenden Stopbits fest. Dieser Wert muß mit der Einstellung des angesprochenen Peripheriegerätes übereinstimmen. Bei fehlender Angabe werden bei Baudraten kleiner/gleich 110 2 Stopbits gesendet. Für alle anderen Baudraten wird 1 Stopbit gesendet. Ein weiterer gültiger Wert ist 1,5.

RS Bei Angabe RS wird das RTS-Signal (Request to send) bei der Übertragung unterdrückt.

CS<Zeit> Bei Angabe CS wird das CTS-Signal (Clear to send) des Peripheriegerätes erwartet. Zeit legt die Wartezeit in Millisekunden fest. Nach Ablauf dieser Zeit wird ein "Device timeout" ausgegeben.

DS<Zeit> Bei Angabe DS wird das DSR-Signal (Data set ready) des Peripheriegerätes erwartet. Zeit legt wieder die Wartezeit in Millisekunden fest. Nach Ablauf der Zeit wird "Device timeout" ausgegeben.

CD<Zeit> Bei Angabe CD wird das CD-Signal (Carrier detect) überprüft. Zeit ist die Wartezeit in Millisekunden. Nach Ablauf der Zeit wird ein "Device timeout " ausgegeben.

BIN Mit der Option BIN werden die empfangenen Daten als Binärdaten behandelt. Alle Zeichen werden unverändert weiterverarbeitet. CR bzw. LF werden nicht als Zeilenende interpretiert. Das EOF-Zeichen ($1A) bleibt unberücksichtigt.

ASC Mit der Option ASC werden die empfangenen Daten als ASCII-Daten behandelt. Das Tabulatorzeichen (CHR$(9)) wird in Leerzeichen (CHR$(32)) umgesetzt. CR bzw. LF werden als Zeilenende interpretiert. Bei EOF ($1A) wird die Übertragung beendet.

LF Bei der Option LF wird nach jedem CR ($0D, !13) ein LF ($0A, !10) ausgegeben. Diese Option wird hauptsächlich für die Ausgabe auf Drucker, die keinen automatischen Zeilenvorschub nach CR ausführen, eingesetzt.

<Modus> Hier legen Sie die Art der Übertragung fest:

```
INPUT  = Empfangen
OUTPUT = Senden.
```

Geben Sie FOR<Modus> nicht an, wird die Übertragung im RANDOM-Modus, also gleichzeitige Ein-/Ausgabe, vorgenommen.

<Dateinummer>

Legt fest, unter welcher Dateinummer die folgenden Ein-/Ausgaben vorgenommen werden. Mögliche Werte sind 1 bis 15.

<Satzlänge>

Legt die Satzlänge für die Übertragung fest. Bei fehlender Angabe wird die Satzlänge für INPUT auf 256 Bytes und für OUTPUT auf 128 Bytes festgelegt. Haben Sie GW-BASIC mit dem /C-Parameter aufgerufen, darf die Satzlänge nicht größer als der dort angegebene Wert sein.

Die Parameter Baudrate, Parität, Wortbreite und Stopbits müssen in der angegebenen Reihenfolge angegeben werden, alle anderen Parameter und Optionen können Sie nach belieben plazieren. Die gleichzeitige Angabe der Optionen

BIN und LF ist zwecklos, da bei BIN CR und LF unberücksichtigt bleiben. Die Übertragung wird mit einem CLOSE #<Dateinummer> abgeschlossen.

WIDTH — Zeilenlänge für COM festlegen

WIDTH "COM<Kanal>:" ,<Anzahl_Zeichen>

Festlegen, nach wieviel gesendeten Zeichen ein CR ($0D) ausgegeben werden soll.

<Kanal> Geben Sie hier an, welche serielle Schnittstelle angesprochen werden soll. Normalerweise haben Sie nur eine Schnittstelle installiert, geben Sie also 1 an. Ansonsten sind Werte von 1 bis 4 möglich.

<Anzahl_Zeichen>

Hier geben Sie an wieviel Zeichen gesendet werden sollen, bevor das CR ($0D) ausgegeben wird.

GET# — Daten in COM-Puffer lesen

GET #<Dateinummer> ,<Anzahl_Zeichen>

Einlesen einer festgelegten Anzahl Zeichen von der seriellen Schnittstelle in den Kommunikationspuffer.

<Dateinummer>

Diese bezieht sich auf die in OPEN COM für die Übertragung angegebene Dateinummer.

<Anzahl_Zeichen>

Hier geben Sie an, wieviel Zeichen von der Schnittstelle in den Puffer gelesen werden sollen. <Anzahl_Zeichen> darf bei angegebener

Satzlänge in OPEN COM nicht größer als <Satzlänge> sein.

Nachdem Daten von der seriellen Schnittstelle in den Puffer gelesen wurden, können die Befehle INPUT#, LINE INPUT# und INPUT$ für die weitere Verarbeitung eingesetzt werden.

PUT# — Daten aus COM-Puffer senden

PUT #<Dateinummer> ,<Anzahl_Zeichen>

Schreiben einer festgelegten Anzahl Zeichen vom Puffer auf die serielle Schnittstelle.

Die Parameter entsprechen denen des GET-Befehls. Auch hier darf <Anzahl_Zeichen> nicht größer als eine eventuell in OPEN COM angegebene Satzlänge sein.

Vor dem Senden der Daten werden diese mit den Befehlen PRINT#, WRITE# oder PRINT# USING in den Puffer geschrieben.

LOC/LOF — Funktionen für OPEN COM

X= LOF(<Dateinummer>)
X= LOC(<Dateinummer>)

LOC liefert die Anzahl der im Übertragungspuffer befindlichen Zeichen, die noch nicht gelesen wurden.

LOF liefert die Anzahl freier Zeichen im Übertragungspuffer.

<Dateinummer>

Diese bezieht sich auf die beim OPEN COM angegebenen Dateinummer.

OUT — Daten in PORT schreiben

OUT <Portadresse>, <Wert>

Schreiben eines Wertes in einen Daten- oder Steuerport.

<Portadresse>

Hier geben Sie an, welchen Port Sie beschreiben wollen. Mögliche Werte sind 0 bis 65535.

<Wert> Die Ports können einen 8 Bit breiten Wert aufnehmen, so daß Werte von 0 bis 255 eingesetzt werden können.

Konsultieren Sie Fachliteratur zum Thema "PORTS", bevor Sie experimentieren. Falsche Werte können den Rechner zum Absturz bringen.

INP — Daten aus PORT lesen

X=INP(<Portadresse>)

Lesen des momentanen Wertes eines Daten- oder Steuerports.

<Portadresse>

Hier kann ein Wert zwischen 0 und 65535 angegeben werden.

WAIT — Programmstop für PORT-Abfrage

WAIT <Portadresse>, <Maske_1>, <Maske_2>

Unterbrechung der Programmausführung bis an einem PORT ein bestimmtes Bitmuster anliegt. Der vom Port gelesene Wert wird mit <Maske_1> und <Maske_2> folgendermaßen verknüpft:

```
<gelesener_Wert> XOR <Maske_1> AND <Maske_2>
```

Ist das Ergebnis 0, wird der Port so lange gelesen, bis das Ergebnis ungleich 0 ist, ansonsten steht das durch die Verknüpfung berechnete Bitmuster zur weiteren Verarbeitung zur Verfügung.

<Portadresse>

Hier kann ein Wert zwischen 0 und 65535 angegeben werden.

<Maske_1>, <Maske_2>

Geben Sie hier die für die Verknüpfung einzusetzenden Werte an.

Mit WAIT können Endlos-Warteschleifen programmiert werden, die nicht mit <CTRL>-<C> oder <CTRL>-<Break> abzubrechen sind!

2.19 Speicherzugriff

DEF SEG — Segmentadresse festlegen

DEF SEG = <Segmentadresse>

Festlegen der Segmentadresse, die für die Befehle/Funktionen BSAVE, BLOAD, PEEK, POKE, VARPTR und VARPTR$ einzusetzen ist.

<Segmentadresse>

Gibt an, auf welches Segment sich die folgenden Befehle und Funktionen beziehen. Sie können Werte zwischen 0 und 65535 angeben. Geben Sie DEF SEG ohne Parameter an, wird das Datensegment (DS), daß GW-BASIC momentan belegt, als aktuelles Segment festgelegt.

GW-BASIC prüft nicht, ob das gewählte Segment durch sich selbst oder andere Programme/Daten belegt ist.

BSAVE — Daten aus RAM-Bereich speichern

BSAVE <Dateispez>, <Offset>, <Anzahl_Bytes>

Speichern eines bestimmten Bereiches des Haupt-/Arbeitsspeichers auf Diskette oder Festplatte.

<Dateispez>

Hierbei handelt es sich um eine den MS-DOS Konventionen entprechende Dateispezifikation bestehend aus Laufwerk, Pfad und Dateiname oder auch nur Teilen davon.

<Offset> Hier geben Sie an, ab welcher Adresse im zuletzt mit DEF SEG festgelegten Segment gespeichert werden soll.

<Anzahl_Bytes>

Hier geben Sie an, wieviel Bytes ab der Adresse <Offset> gespeichert werden sollen.

BLOAD — Datei in RAM-Bereich laden

BLOAD <Dateispez>, <Offset>

Laden einer Datei in einen bestimmten Bereich des Haupt-/Arbeitsspeichers.

<Dateispez>

ist die Spezifikation der zu ladenden Datei.

<Offset> Hier wird angegeben, ab welcher Adresse im zuletzt mit DEF SEG festgelegten Segment die Daten aus der Datei abgelegt werden sollen. Die Daten werden solange aus der Datei gelesen und im Arbeitsspeicher abgelegt, bis das EOF-Zeichen $1A erkannt wird.

PEEK — Speicherzelle auslesen

X= PEEK(<Offset>)

Diese Funktion liefert den 8-Bit-Wert der angegebenen Speicherzelle im zuvor mit DEF SEG festgelegten Segment.

<Offset> Geben Sie hier die Adresse innerhalb dieses Segments an. Mögliche Werte sind 0 bis 65535.

POKE — Wert in Speicherzelle schreiben

POKE <Offset>, <Wert>

Schreiben eines Wertes in die angegebene Speicherzelle in einem zuvor mit DEF SEG festgelegten Segment.

<Offset> Geben Sie hier die Adresse der Speicherzelle innerhalb des Segments an. Mögliche Werte sind 0 bis 65535.

<Wert> Hier geben Sie an, was Sie in die entsprechende Speicherzelle schreiben möchten. Sie können Werte zwischen 0 und 255 angeben.

VARPTR — Zugriff auf Variablenspeicher

X= VARPTR (<Variable>) oder
X= VARPTR (#<Dateinummer>)

Ermitteln der Offsetadresse einer Variablen im Datensegment (DS).

<Variable> Hier können alle unter GW-BASIC verwendbaren Variablentypen einschließlich Arrays angegeben werden. Vor dem Aufruf dieser Funktion muß der Variablen ein Wert zugewiesen worden sein.

<Dateinummer>

Die zweite Variante der VARPTR-Funktion gibt die Adresse des ersten Bytes des FCB (File control block, dt.: Datei-Steuerungs-Block) bei sequentiellen Dateien an. Bei RANDOM-Dateien wird die Adresse des ersten Bytes des FIELD-Puffers angegeben. <Dateinummer> entspricht der im OPEN-Befehl für die entsprechende Datei eingesetzten Dateinummer.

Der DEF SEG-Befehl hat keinerlei Auswirkungen auf die Funktion. Beachten Sie, daß durch die Garbage Collection Variablenadressen verändert werden. Das Ergebnis der Funktion kann also nicht durch das gesamte Programm verarbeitet werden, sondern muß jeweils neu ermittelt werden.

VARPTR$ Zugriff auf Variablenspeicher

X$= VARPTR$(<Variable>)

Ermitteln des Variablentyps und der Offsetadresse einer Variablen im Datensegment (DS). Das erste Byte des Ergebnisstrings enthält Informationen über die Art der Variablen:

```
CHR$(2) = INTEGER
CHR$(3) = STRING
CHR$(4) = einfache Genauigkeit
CHR$(8) = doppelte Genauigkeit
```

Das zweite und dritte Byte enthält die Adresse des ersten Bytes der Variablen im Format Low-Byte/High-Byte:

```
Adresse=Low-Byte+256*High-Byte
```

<Variable> Hier kann jeder unter GW-BASIC verwendbare Variablentyp einschließlich des Arrays angegeben werden. Vor dem Aufruf dieser Funktion muß der Variablen ein Wert zugewiesen worden sein.

VARPTR$ kann nicht auf FCBs oder RANDOM-Puffer angewandt werden! Der DEF SEG-Befehl hat keinerlei Auswirkungen auf die Funktion. Beachten Sie, daß durch die Garbage Collection Variablenadressen verändert werden. Das Ergebnis der Funktion kann also nicht durch das gesamte Programm verarbeitet werden, sondern muß jeweils neu ermittelt werden.

2.20 Interrupttechnik

ON TIMER — Interrupt-Programmierung

ON TIMER (<Sekunden>) GOSUB <Zeilennummer>
TIMER ON|OFF|STOP

Innerhalb des Systeminterrupts wird der TIMER abgefragt und je nach Ergebnis und vorgegebener Zeit ein Unterprogramm ausgeführt.

<Sekunden>

Hier geben Sie an, in welchen Abständen das Unterprogramm ab <Zeilennummer> ausgeführt werden soll. Für <Sekunden> kann ein Wert zwischen 1 und 86400 vorgegeben werden.

<Zeilennummer>

Geben Sie hier an, ab welcher Zeilennummer das auszuführende Unterprogramm beginnt.

TIMER ON

veranlaßt die Einbindung der Abfrage in den Interrupt.

TIMER OFF

beendet die Abfrage im Interrupt.

TIMER STOP

unterbricht die Abfrage bis zum nächsten TIMER ON.

Bei Einsatz der STOP-Option wird bei erfüllter Bedingung der Abfrage nicht in das Unterprogramm verzweigt. GW-BASIC setzt aber für die nächste ON-Option ein Flag, daß die Bedingung erfüllt war. Beim nächsten ON wird aufgrund dieses Flags verzeigt. Nach der Verzweigung in ein

Unterprogramm wird automatisch ein STOP für die entsprechende Abfrage gesetzt, um eine Endlosschleife durch erneuten Aufruf zu verhindern. Das RETURN am Ende der Routine veranlaßt automatisch ein ON für die Abfrage. Bei ON ERROR GOTO wird bei Verzweigung in die Fehlerbehandlungs-Routine ein STOP für alle Abfragen gesetzt. Das RESUME veranlaßt ein ON für alle Abfragen. Das automatische ON durch RETURN bzw. RESUME können Sie durch ein OFF für die Abfrage in der entsprechenden Routine unterdrücken.

ON COM — Interrupt-Programmierung

ON COM<Kanal> GOSUB <Zeilennummer>
COM<Kanal> ON|OFF|STOP

Innerhalb des System-Interrupts wird die serielle Schnittstelle abgefragt. Wenn ein Byte empfangen wurde, wird ein Unterprogramm ausgeführt.

<Kanal> Geben Sie hier die Nummer der seriellen Schnittstelle an, die abgefragt werden soll. Mögliche Werte sind 1 bis 4 je nach installierten Erweiterungen.

<Zeilennummer>

Gibt an, ab welcher Zeilennummer im Programm das Unterprogramm beginnt, das ausgeführt werden soll, wenn an der Schnittstelle ein Byte empfangen worden ist.

COM<Kanal> ON

veranlaßt die Einbindung der Abfrage in den Interrupt.

COM<Kanal> OFF

beendet die Abfrage im Interrupt.

COM<Kanal> STOP

unterbricht die Abfrage bis zum nächsten COM<Kanal> ON.

Bei Einsatz der STOP-Option wird bei erfüllter Bedingung der Abfrage nicht in das Unterprogramm verzweigt. GW-BASIC setzt aber für die nächste ON-Option ein Flag, daß die Bedingung erfüllt war. Beim nächsten ON wird aufgrund dieses Flags verzeigt. Nach der Verzweigung in ein Unterprogramm wird automatisch ein STOP für die entsprechende Abfrage gesetzt, um eine Endlos-Schleife durch erneuten Aufruf zu verhindern. Das RETURN am Ende der Routine veranlaßt automatisch ein ON für die Abfrage. Bei ON ERROR GOTO wird bei Verzweigung in die Fehlerbehandlungs-Routine ein STOP für alle Abfragen gesetzt. Das RESUME veranlaßt ein ON für alle Abfragen. Das automatische ON durch RETURN bzw. RESUME können Sie durch ein OFF für die Abfrage in der entsprechenden Routine unterdrücken.

ON KEY — Interrupt-Programmierung

ON KEY(<Tastennummer>) GOSUB <Zeilennummer>
KEY(x) ON|OFF|STOP

Abfrage der Funktions- und Steuertasten im System-Interrupt. Beim Drücken einer definierten Taste wird ein Unterprogramm ausgeführt.

<Tastennummer>

Für <Tastennummer> können Sie folgende Werte einsetzen:

TASTE	WERT
F1 bis F10	1 bis 10
Cursor hoch	11
Cursor links	12
Cursor rechts	13
Cursor runter	14

<Zeilennummer>

Hier legen Sie fest, ab welcher Zeile im Hauptprogramm das Unterprogramm für die jeweilige Taste beginnt.

KEY(<Tastennummer>) ON

veranlaßt die Einbindung der Abfrage in den Interrupt.

KEY(<Tastennummer>) OFF

beendet die Abfrage im Interrupt.

KEY(<Tastennummer>) STOP

unterbricht die Abfrage bis zum nächsten KEY(<Tastennummer>) ON.

Beachten Sie, daß nach einem ausgeführten Interrupt für eine definierte Taste der Tastaturpuffer leer ist. Eine nochmalige Abfrage z.B. mit INKEY$ ist also nicht möglich! Bei Einsatz der STOP-Option wird bei erfüllter Bedingung der Abfrage nicht in das Unterprogramm verzweigt. GW-BASIC setzt aber für die nächste ON-Option ein Flag, daß die Bedingung erfüllt war. Beim nächsten ON wird aufgrund dieses Flags verzeigt. Nach der Verzweigung in ein Unterprogramm wird automatisch ein STOP für die entsprechende Abfrage gesetzt, um eine Endlosschleife durch erneuten Aufruf zu verhindern. Das RETURN am Ende der Routine veranlaßt automatisch ein ON für die Abfrage. Bei ON ERROR GOTO wird bei Verzweigung in die Fehlerbehandlungs-Routine ein STOP für alle Abfragen gesetzt. Das RESUME veranlaßt ein ON für alle Abfragen. Das automatische ON durch RETURN bzw. RESUME können Sie durch ein OFF für die Abfrage in der entsprechenden Routine unterdrücken.

KEY <Tastennummer>, CHR$(<Umschaltung>) + CHR$(<Scancode>)

Definition einer Taste bzw. Tastenkombination für Interrupt mit ON KEY.

<Tastennummer>

Hier können Sie einen Wert von 15 bis 20 vorgegeben.

<Umschaltung>

Für <Umschaltung> können Sie folgende Werte angeben:

CTRL-Taste gedrückt	04 oder &H04
ALT-Taste gedrückt	08 oder &H08
NUMLOCK eingerastet	32 oder &H20
SHIFT-Taste gedrückt	64 oder &H40

Die vorgenannten Werte sind abhängig von der eingesetzten Tastatur und vom Tastaturtreiber. Abweichungen sind also möglich.

<Scancode> Diese Scancodes haben nichts gemeinsam mit dem ASCII-Zeichen, das sie liefern. Von der Tastatur wird ein Wert abhängig von der Taste und vom Zustand "Taste gedrückt oder losgelassen" gesendet. Bei diesem Wert handelt es sich sozusagen um eine laufende Nummer der Tasten. Dieser Wert wird vom Tastaturtreiber verarbeitet und in einen ASCII-Code umgewandelt. Schauen Sie bezüglich der Scancodes in Ihr Handbuch oder die Unterlagen zur Tastatur. In den meisten Fällen finden Sie dort eine Aufstellung. Sonst hilft nur noch probieren oder ein Besuch beim Fachhändler.

Bei Einsatz der STOP-Option wird bei erfüllter Bedingung der Abfrage nicht in das Unterprogramm verzweigt. GW-BASIC setzt aber für die nächste ON-Option ein Flag, daß die Bedingung erfüllt war. Beim nächsten ON wird aufgrund dieses Flags verzeigt. Nach der Verzweigung in ein Unterprogramm wird automatisch ein STOP für die entsprechende Abfrage gesetzt, um eine Endlosschleife durch erneuten Aufruf zu verhindern. Das RETURN am Ende der Routine veranlaßt automatisch ein ON für die Abfrage. Bei ON ERROR GOTO wird bei Verzweigung in die Fehlerbehandlungs-Routine ein STOP für alle Abfragen gesetzt. Das RESUME veranlaßt ein ON für alle Abfragen. Das automatische ON durch RETURN bzw. RESUME können Sie durch ein OFF für die Abfrage in der entsprechenden Routine unterdrücken.

ON PEN — Interrupt-Programmierung

ON PEN GOSUB <Zeilennummer>
PEN ON|OFF|STOP

Innerhalb des System-Interrupts wird die Schnittstelle für den Light-Pen abgefragt. Wenn dort festgestellt wird, daß der Knopf gedrückt wurde, erfolgt der Aufruf des Unterprogramms ab <Zeilennummer>.

<Zeilennummer>

Gibt an, ab welcher Zeilennummer im Programm das Unterprogramm beginnt, das ausgeführt werden soll, wenn eine Aktion durch den Light-Pen erfolgt.

PEN ON veranlaßt die Einbindung der Abfrage in den Interrupt.

PEN OFF beendet die Abfrage im Interrupt.

PEN STOP unterbricht die Abfrage bis zum nächsten PEN ON.

Bei Einsatz der STOP-Option wird bei erfüllter Bedingung der Abfrage nicht in das Unterprogramm verzweigt. GW-/PC-BASIC setzt aber für die nächste ON-Option ein Kennzeichen, daß die Bedingung erfüllt war. Beim nächsten ON wird aufgrund dieses Kennzeichens verzeigt. Nach der Verzweigung in ein Unterprogramm wird automatisch ein STOP für die entsprechende Abfrage gesetzt, um eine Endlos-Schleife durch erneuten Aufruf zu verhindern. Das RETURN am Ende der Routine veranlaßt automatisch ein ON für die Abfrage. Bei ON ERROR GOTO wird bei Verzweigung in die Fehlerbehandlungs-Routine ein STOP für alle Abfragen gesetzt. Das RESUME veranlaßt ein ON für alle Abfragen. Das automatische ON durch RETURN bzw. RESUME können Sie durch ein OFF für die Abfrage in der entsprechenden Routine unterdrücken. Siehe auch Funktion PEN(<Modus>).

ON PLAY **Interrupt-Programmierung**

ON PLAY(<Anzahlnoten> GOSUB <Zeilennummer>
PLAY ON|OFF|STOP

Die Anzahl der noch im PLAY-Puffer stehenden Noten wird geprüft. Sind weniger oder gleichviel Noten im Puffer, als angegeben, so wird das Unterprogramm ausgeführt. Hier kann PLAY neu initialisiert werden, so daß fortlaufend Musik im Hintergrund läuft.

<Anzahlnoten>

Hier geben Sie an, bei wieviel verbleibenden Noten im Puffer das Unterprogramm ausgeführt wird.

<Zeilennummer>

Geben Sie hier die Zeilennummer an, an der das entsprechende Unterprogramm beginnt.

PLAY ON veranlaßt die Einbindung der Abfrage in den Interrupt.

PLAY OFF beendet die Abfrage im Interrupt.

PLAY STOP

unterbricht die Abfrage bis zum nächsten PLAY ON.

Bei Einsatz der STOP-Option wird bei erfüllter Bedingung der Abfrage nicht in das Unterprogramm verzweigt. GW-BASIC setzt aber für die nächste ON-Option ein Flag, daß die Bedingung erfüllt war. Beim nächsten ON wird aufgrund dieses Flags verzeigt. Nach der Verzweigung in ein Unterprogramm wird automatisch ein STOP für die entsprechende Abfrage gesetzt, um eine Endlosschleife durch erneuten Aufruf zu verhindern. Das RETURN am Ende der Routine veranlaßt automatisch ein ON für die Abfrage. Bei ON ERROR GOTO wird bei Verzweigung in die Fehlerbehandlungs-Routine ein STOP für alle Abfragen gesetzt. Das RESUME veranlaßt ein ON für alle Abfragen. Das automatische ON durch RETURN bzw. RESUME können Sie durch ein OFF für die Abfrage in der entsprechenden Routine unterdrücken.

ON STRIG — Interrupt-Programmierung

ON STRIG(<Aktion>) GOSUB <Zeilennummer>
STRIG ON|OFF

Innerhalb des System-Interrupts wird die Schnittstelle für den Joystick abgefragt. Wenn dort festgestellt wird, daß die spezifizierte <Aktion> ausgeführt wurde, erfolgt der Aufruf des Unterprogramms ab <Zeilennummer>.

<Zeilennummer>

Gibt an, ab welcher Zeilennummer im Programm das Unterprogramm beginnt, das ausgeführt werden soll, wenn eine Aktion durch den Joystick erfolgt.

<Aktion> Hier geben Sie an, bei welcher Aktion das Unterprogramm aufgerufen werden soll:

0/2= Knöpfe Joystick 1, 4/6= Knöpfe Joystick 2

STRIG ON veranlaßt die Einbindung der Abfrage in den Interrupt.

STRIG OFF beendet die Abfrage im Interrupt.

Nach der Verzweigung in ein Unterprogramm wird automatisch ein STOP für die entsprechende Abfrage gesetzt, um eine Endlos-Schleife durch erneuten Aufruf zu verhindern. Das RETURN am Ende der Routine veranlaßt automatisch ein ON für die Abfrage. Bei ON ERROR GOTO wird bei Verzweigung in die Fehlerbehandlungs-Routine ein STOP für alle Abfragen gesetzt. Das RESUME veranlaßt ein ON für alle Abfragen. Das automatische ON durch RETURN bzw. RESUME können Sie durch ein OFF für die Abfrage in der entsprechenden Routine unterdrücken. Siehe auch Funktion STRIG(<Aktion>).

2.21 GW-BASIC und MS-DOS

SHELL Andere MS-DOS-Programme ausführen

SHELL <Dateispez>

Aufruf eines .COM, .EXE oder .BAT Programmes von GW-BASIC aus.

<Dateispez>

Spezifizieren Sie hier das Programm, das ausgeführt werden soll. Die Spezifikation muß in Anführungsstrichen (") eingeschlossen sein und genauso aus-sehen, als wenn Sie die Eingabe auf der MS-DOS-Ebene vornehmen. Der Einsatz von Stringvariablen ist möglich, jedoch dürfen hinter SHELL keine Stringoperationen vorkommen. Diese sind einer vorhergehenden Zeile vorzunehmen.

Sie müssen dafür sorgen, daß der COMMAND.COM auf der Diskette im aktuellen Laufwerk vorhanden ist, da MS-DOS diesen für alle SHELL-Aktionen benötigt. Ist dies nicht der Fall, so gibt GW-BASIC die Meldung "File not found" aus und setzt das Programm fort. Im Gegensatz dazu gibt GW-BASIC keine Fehlermeldung aus, wenn das über SHELL aufzurufende Programm nicht gefunden wurde! Nach der Ausführung des SHELL-Befehls führt GW-BASIC das Programm mit der dem SHELL-Befehl folgenden Anweisung fort. Sie können auch den COMMAND.COM über SHELL aufrufen und wie gewohnt auf MS-DOS-Ebene arbeiten. Nach EXIT landen Sie wieder in GW-BASIC. Hierzu müssen Sie COMMAND.COM nicht als <Dateispez> angeben, da dieser bei fehlender <Dateispez> automatisch geladen wird.

MKDIR/CHDIR/RMDIR Zugriff auf's Directory

MKDIR <Directoryname>
CHDIR <Pfad>
RMDIR <Directoryname>

Diese Befehle können Sie analog zu den gleichlautenden MS-DOS-Befehlen einsetzen.

<Directoryname>,<Pfad>

Im Gegensatz zu MS-DOS ist die Eingabe in Anführungszeichen (") einzuschließen. Der Einsatz von Stringvariablen ist möglich. Hinter dem Befehl dürfen jedoch keine Stringoperationen ausgeführt werden. Diese sind in einer vorhergehenden Zeile vorzunehmen.

Die Abkürzungen MD, CD und RD - wie von MS-DOS gewohnt -, sind unter GW-BASIC nicht zugelassen.

ENVIRON Zugriff auf Umgebungstabelle

ENVIRON <Eintrag>=<Zuweisung>

In einer Tabelle werden von MS-DOS Informationen über die Systemumgebung wie z.B. der aktuelle Suchpfad oder ein geänderter Prompt, festgehalten. Auf diese Tabelle kann von GW-BASIC aus zugegriffen werden.

<Eintrag> Dies ist ein gültiger Begriff in der Tabelle wie PATH oder COMSPEC bzw. ein mit SET gesetzter Parameter.

<Zuweisung>

Dies ist der neue Parameter, der dem <Eintrag> zugewiesen werden soll:

```
ENVIRON "PATH= C:\WORDSTAR"
ENVIRON "PROMPT= $p$_$n:"
```

Die neue Zuweisung darf nicht mehr Zeichen umfassen, als der aktuelle Eintrag.

ENVIRON$ — Zugriff auf Umgebungstabelle

ENVIRON$ ("<Eintrag>") oder (<Nummer>)

In einer Tabelle werden von MS-DOS Informationen über die Systemumgebung wie z.B. der aktuelle Suchpfad oder ein geänderter Prompt, festgehalten. Auf diese Tabelle kann von GW-BASIC aus zugegriffen werden.

<Eintrag> Dies ist ein gültiger Begriff wie PATH, PROMPT, COMSPEC etc. in der Tabelle. ENVIRON$ liefert als Ergebnis die momentane Zuweisung:

```
PRINT ENVIRON$ ("PATH")
C:\WORDSTAR
```

Alternativ kann ENVIRON$ über <Nummer> einen bestimmten Eintrag und dessen Zuweisung aus der Tabelle ausgeben:

```
PRINT ENVIRON$(1)
C:\COMMAND.COM
```

IOCTL — Zugriff auf MS-DOS-Treiber

IOCTL #<Dateinummer>, <Kontrollstring>

Senden eines Kontrollstrings an einen Gerätetreiber, der vorher mit OPEN geöffnet wurde. Hierdurch können z.B. Formatierungsdaten oder Initialisierungswerte übergeben werden.

<Dateinummer>

Damit beim Zugriff auf eine Datei nicht immer der ganze Name angegeben werden muß, wird der Datei beim OPEN eine Nummer zugeordnet, über die alle weiteren Zugriffe erfolgen. Diese Dateinummer wird hier angegeben.

<Kontrollstring>

Dieser String enthält die vom Treiber auszuwertenden Daten und darf maximal 255 Zeichen enthalten.

Die standardmäßig unter MS-DOS eingesetzten Treiber akzeptieren keine IOCTL-Strings.

IOCTL$ — Zugriff auf MS-DOS-Treiber

X$= IOCTL$ (#<Dateinummer>)

Das Ergebnis der Funktion ist die Antwort eines Gerätetreibers auf einen mit IOCTL gesendeten Kontrollstring.

<Dateinummer>

Damit beim Zugriff auf eine Datei nicht immer der ganze Namen angegeben werden muß, wird der Datei beim OPEN eine Nummer zugeordnet, über die alle weiteren Zugriffe erfolgen. Diese Dateinummer wird hier angegeben.

Die standardmäßig unter MS-DOS eingesetzten Treiber akzeptieren keine IOCTL-Strings.

TIMER — Zugriff auf die Systemuhr

X= TIMER

Die Funktion liefert die seit 00:00 Uhr (Mitternacht) vergangene Zeit im Format <Sekunden:hunderstel Sekunden>.

Einige Versionen liefern hier die vergangene Zeit seit Einschalten des PCs unabhängig von der gesetzten Zeit.

2.22 Assemblerroutinen

CALL/CALLS **Assemblerroutine aufrufen**

CALL[S] <Offsetvariable> [,<Datenvariable>,...]

Aufruf einer Assemblerroutine, die vorher mit BLOAD geladen oder per POKE in den Speicher gebracht wurde.

[S] Eine Variante des CALL-Befehls ist der CALLS-Befehl, bei dem für die <Datenvariablen> vor dem 2-Byte-Offset-Zeiger auf den Dateninhalt der Variablen noch das aktuelle Segment im Format Low/High-Byte auf den STACK geladen wird. Diese Übergabe der segmentierten Adressen wird von speziellen Compilern benötigt.

<Offsetvariable>

Die Offsetadresse, an der die Routine beginnt, wird einer INTEGER-Variablen beliebigen Namens zugewiesen. Vor CALL muß ggf. mit DEF SEG das Segment festgelegt werden, in dem die Routine ab-gelegt ist.

<Datenvariable>

Die von der Routine zu verarbeitenden Daten oder Werte werden über Variablen an die Routine übergeben. Pro Variable wird ein 2-Byte-Offset-Zeiger auf den Dateninhalt der Variablen im Format Low/High-Byte auf den STACK geladen und kann von dort weiter verarbeitet werden.

DEF USR/USR **Assemblerroutine aufrufen**

DEF USR <Nummer> = <Offset>
USR <Nummer> [,<Datenvariable>]

Im Gegensatz zu CALL/CALLS wird hier keine <Offsetvariable> übergeben, sondern der Offset wird vor dem Aufruf mit dem Befehl DEF USR festgelegt. Die Routine wird per BLOAD geladen oder mit POKE in den Speicher gebracht.

<Nummer> Kann einen Wert zwischen 0 und 9 haben. Gültig ist immer die letzte Definition, so daß z.B. unter USR(3) verschiedene Routinen aufgerufen werden können.

<Offset> Hier geben Sie die OffsetaAdresse an, an der die Routine beginnt. Vorher muß ggf. mit DEF SEG das Segment definiert werden, in dem die Routine abgelegt. ist.

<Datenvariable>

Geben Sie hier die Variable an, deren Inhalt ver-arbeitet werden soll. Die Übergabe erfolgt nicht über den STACK, sondern die CPU-Register werden mit entsprechenden Werten geladen:

AL enthält:
&H02, wenn INTEGER-Variable
&H03, wenn STRING
&H04, wenn Variable mit einfacher,
&H08, wenn mit doppelter Genauigkeit

BX enthält:
bei numerischen Variablen einen Offset-Zeiger auf den FAC, in dem der Wert gespeichert ist.

DX enthält:
bei String-Variablen einen Offset-Zeiger auf einen 3-Byte-Bereich, der im ersten Byte die Länge des Strings enthält und in den beiden folgenden Bytes die Offset-Adresse im Format Low/High-Byte auf den Dateninhalt des Strings enthält.

2.23 Light-Pen, Joystick und Maus

Sofern Ihr PC über die entsprechenden Schnittstellen verfügt bzw. die notwendige Hardware vorhanden ist, können die Peripherien Light-Pen, Joystick und Maus von GW-/PC-BASIC aus kontrolliert werden. Bei Light-Pen und Joystick stehen dazu direkt Befehle und Funktionen zur Verfügung. Für die Kontrolle einer Maus ist ein Umweg notwendig:

Laden Sie den Maustreiber wie gewohnt. Im Handbuch der Maus finden Sie ein Schnittstellen-Programm von GW-/PC-BASIC zum Maustreiber. Tippen Sie diese Schnittstelle ab. Schalten Sie den Maustreiber über diese Schnittstelle in den "Light-Pen Emulations-Modus" (Funktion 13= EIN, Funktion 14= AUS). Danach wird die Maus wie ein Light-Pen behandelt und Sie können im Programm die dafür vorgesehenen Befehle/Funktionen benutzen.

PEN — **Light-Pen abfragen**

X= PEN(<Modus>)

Diese Funktion liefert als Ergebnis Informationen über den Status des Light-Pen. Mit **<Modus>** geben Sie an, welcher Status abgefragt werden soll:

PEN(0) Wenn der Light-Pen seit dem letzten Aufruf dieser Funktion gedrückt war, so ist das Ergebnis -1, sonst 0.

PEN(1) Liefert die beim letzten Drücken des Light-Pen festgehaltene X-Koordinate.

PEN(2) Liefert die beim letzten Drücken des Light-Penfestgehaltene Y-Koordinate.

PEN(3) Liefert als Ergebnis -1 wenn der Light-Pen gedrückt ist, sonst 0.

PEN(4) Liefert unabhängig vom momentanen Light-Pen-Status die letzte gespeicherte X-Koordinate.

PEN(5) Liefert unabhängig vom momentanen Light-Pen-Status die letzte gespeicherte Y-Koordinate.

PEN(6) Liefert die Zeile (1-24), in der der Light-Pen beim letzten Drücken war.

PEN(7) Liefert die Spalte (1-80/1-40), in der der Light-Pen beim letzten Drücken war.

PEN(8) Liefert unabhängig vom momentanen Light-Pen-Status die letzte gespeicherte Zeile.

PEN(9) Liefert unabhängig vom momentanen Light-Pen-Status die letzte gespeicherte Spalte.

Die als Ergebnis gelieferten X- und Y-Koordinaten liegen je nach Grafikkarte/SCREEN-Modus im Bereich:

```
Auflösung 320*200: X= 0-319, Y= 0-199
Auflösung 640*200: X= 0-639, Y= 0-199
Auflösung 640*350: X= 0-639, Y= 0-349 (EGA)
```

STICK — Joystick-Koordinaten ermitteln

X= STICK(<Nummer>)

Liefert die X-/Y-Koordinaten des durch **<Nummer>** spezifizierten Joysticks:

STICK(0) Liefert als Ergebnis die X-Koordinate von Joystick 1

STICK(1) Liefert als Ergebnis die Y-Koordinate von Joystick 1

STICK(2/3) Wie oben, für Joystick 2

Die als Ergebnis gelieferten X- und Y-Koordinaten liegen je nach Grafikkarte/SCREEN-Modus im Bereich:

```
Auflösung 320*200: X= 0-319, Y= 0-199
Auflösung 640*200: X= 0-639, Y= 0-199
Auflösung 640*350: X= 0-639, Y= 0-349 (EGA)
```

STRIG

Status der Joystick-Tasten

X= STRIG(<Nummer>)

Liefert als Eregbnis den Status der durch <Nummer> spezifizierten Joystick-Tasten.

STRIG(0) Liefert als Ergebnis -1, wenn Knopf 1 von Joystick 1 seit dem letzten Aufruf dieser Funktion gedrückt wurde, sonst 0.

STRIG(1) Liefert als Ergebnis -1, wenn Knopf 1 von Joystick 1 momentan gedrückt ist, sonst 0.

STRIG(2) Liefert als Ergebnis -1, wenn Knopf 1 von Joystick 2 seit dem letzten Aufruf dieser Funktion gedrückt wurde, sonst 0.

STRIG(3) Liefert als Ergebnis -1, wenn Knopf 1 von Joystick 2 momentan gedrückt ist, sonst 0.

STRIG(4,5,6,7) wie oben, für Knopf 2 der Joysticks

3. Anhang

3.1 Editiertasten

Für die Programmeingabe und für das Editieren des Listings stellt GW-BASIC folgende Editiertasten zur Verfügung:

<CTRL>-<CRSR-rechts>

Setzt den Cursor auf den Anfang des Wortes rechts vom Cursor.

<CTRL>-<CRSR-links> oder <CTRL>-<B>

Setzt den Cursor auf den Anfang des Wortes links vom Cursor.

<CTRL>-<Home> oder <CTRL>-<L>

Löscht den Bildschirm, der Cursor wird dabei in die linke obere Ecke gestellt.

<End> oder <CTRL>-<N>

Setzt den Cursor an das Ende der Programmzeile.

<CTRL>-<End> oder <CTRL>-<E>

Löscht den Rest der Programmzeile ab Cursorposition.

<Ins> oder <CTRL>-<R>

Umschaltung zwischen Einfüge- und Überschreibmodus.

<Del>

Löscht das Zeichen, unter dem sich Cursor momentan befindet.

<TAB> oder <CTRL>-<I>

Setzen des Cursors auf die nächste Tabulatorposition rechts vom Cursor.

<BS> oder <CTRL>-<H>

Löscht das Zeichen links vom Cursor.

<Esc>

Löscht die Bildschirmzeile und setzt den Cursor an den Zeilenanfang.

<CTRL>-<CR> oder <CTRL>-<J>

Fügt eine leere Zeile innerhalb der Programmzeile ein.

<CTRL>-<Z> oder <CTRL>-<PgDn>

Löscht den Rest des Bildschirms ab der Bildschirmzeile, in der sich der Cursor befindet.

<CR> oder <CTRL>-<M>

Übernimmt die eingegebene oder geänderte Programmzeile in den Arbeitsspeicher.

<CTRL>-<P> oder <CTRL>-<PrtSc>

Alle Ein- und Ausgaben des Interpreters werden auf dem Drucker protokolliert. Nochmaliges Drücken dieser Tasten schaltet diesen Modus wieder ab.

<SHIFT>-<PrtSc>

Der momentane Bildschirm-Inhalt wird als Hardcopy auf den Drucker ausgegeben. Im Normalfall können nur Text-Hardcopys erstellt werden. Für den Druck einer Grafik-Hardcopy muß das MS-DOS-Utility GRAPHICS.COM geladen werden.

<CTRL>-<X> oder <CTRL>-<CRSR-hoch>

Das Listing wird auf dem Bildschirm nach unten gerollt (gescrollt). Hierzu muß sich der Cursor in einer Zeile mit gültiger Zeilennummer befinden.

<CTRL>-<Y> oder <CTRL>-<CRSR-runter>

Das Listing wird nach oben gerollt (gescrollt). Hierzu muß sich der Cursor in einer Zeile mit gültiger Zeilennummer befinden.

<CTRL>-<T>

Ein-/Ausschalten der Funktionstastenanzeige in der 25. Zeile des Bildschirms.

<Home> oder <CTRL>-<K>

Setzt den Cursor in die linke obere Ecke des Bildschirmes ohne den Bildschirm zu löschen.

<PgDn>

Löscht den Inhalt der Programmzeile ab Cursor-Position bis zum nächsten Doppelpunkt (:) oder bis zum nächsten Leerzeichen.

<CTRL>-<C> oder <CTRL>-<Break>

Abbruch des Edit-Modus, eventuelle Änderungen an der Zeile werden nicht übernommen. Im Programm-Modus wird das Programm unterbrochen, GW-BASIC kehrt in den Direktmodus zurück.

<CTRL>-<NumLock>

Unterbricht die Ausgabe eines Listings auf den Bildschirm. Durch Drücken einer beliebigen Taste wird weiter gelistet.

Je nach Version und Ausstattungsmerkmalen des Interpreters können andere als die beschriebenen oder auch gar keine Reaktionen auf einen Tastendruck erfolgen!

Neben den Editiertasten stellt GW-BASIC eine Menge Editierbefehle für die Programmeingabe und das Editieren eines Listings bereit.

Numerische Werte für Parameter etc. können im allgemeinen ohne besonderes Vorzeichen dezimal, mit dem Vorzeichen &H in hexadezimal und mit dem Vorzeichen &O als Oktalwert angegeben werden. Bei einigen Befehlen kann der Punkt (.) stellvertretend für die zuletzt bearbeitete Zeile angegeben werden. Unter "zuletzt bearbeitete Zeile" ist die Zeile zu verstehen, die als letzte geändert wurde bzw. in der ein Fehler aufgetreten ist.

Fehler in der Eingabe oder während der Programmausführung werden im allgemeinen von GW-BASIC sofort gemeldet, indem die Ausführung der Anweisung oder des Programmes abgebrochen und eine Fehlermeldung mit Hinweis auf die Zeile, in der der Fehler auftrat, ausgegeben wird.

3.2 Kurzeingabe mit ALT-Taste

Die gebräuchlichsten Befehle lassen sich in GW-BASIC als sogenannte "Kurzeingabe" über die Tastenkombination

<ALT>+<noch eine Taste>

eingeben. Halten Sie für die Eingabe die [ALT]-Taste gedrückt und tippen Sie dann die entsprechende Taste. Nach Loslassen der <ALT>-Taste erscheint das entsprechende Schlüsselwort auf dem Bildschirm.

Taste	Ergebnis	Taste	Ergebnis
<A>	AUTO	<N>	NEXT
<B>	BSAVE	<O>	OPEN
<C>	COLOR	<P>	PRINT
<D>	DELETE	<Q>	Nichts
<E>	ELSE	<R>	RETURN
<F>	FOR	<S>	SCREEN
<G>	GOTO|GOSUB	<T>	THEN
<H>	HEX$	<U>	USING
<I>	INPUT	<V>	VAL
<J>	Nichts	<W>	WINDOW
<K>	KEY	<X>	XOR
<L>	LOCATE	<Y>	Nichts
<M>	MERGE|MOTOR	<Z>	Nichts

Beachten Sie bitte, daß diese Aufstellung nicht für alle Versionen Gültigkeit hat, sondern hier und da Abweichungen auftauchen können. Die Belegung läßt sich im Gegensatz zu den Funktionstasten nicht ändern.

3.3 Konstanten und Variablen

GW-BASIC unterscheidet verschiedene Daten- und Variablentypen. Bei Einsatz von Variablen kann ein Variablenname von maximal 40 Zeichen Länge vergeben werden. Als Zeichen können Buchstaben (A bis Z), Zahlen (0 bis 9) und der Punkt (. {als Trennzeichen}) eingesetzt werden. Direkt hinter dem Variablennamen folgt ein weiteres Sonderzeichen, das Auskunft über den Datentyp gibt. Der Variablenname darf kein von GW-BASIC reserviertes Schlüsselwort sein und sollte aus Gründen der Übersichtlichkeit keine Teile davon beinhalten.

Datentypen

In mathematischen Funktionen und Berechnungen werden numerische Werte eingesetzt. GW-BASIC unterscheidet bei den numerischen Werten drei Datentypen:

Der Datentyp INTEGER kann ganzzahlige Werte von -32768 bis +32767 speichern. Variablen diesen Typs werden durch das Prozentzeichen (%) hinter dem Variablennamen gekennzeichnet.

Der Datentyp REAL EINFACHE GENAUIGKEIT kann Fließkommawerte von -1.701412E38 bis +1.701412E38 speichern. Variablen diesen Typs werden durch das Ausrufezeichen (!) hinter dem Variablennamen gekennzeichnet.

Der Datentyp REAL DOPPELTE GENAUIGKEIT kann Fließkommawerte von -1.701411834604692D38 bis +1.701411834604692D38 speichern. Variablen diesen Typs werden durch das Nummernzeichen (#) hinter dem Variablennamen gekennzeichnet.

Werden in einer Berechnung oder in einer Funktion numerische Variablen unterschiedlichen Typs verarbeitet, so ist das Ergebnis immer vom Typ des einfachsten Wertes. Wird keines der genannten Kennzeichen angegegen, so hat die Variable den Datentyp des Wertes, der zugewiesen wird.

Für die Verarbeitung von Zeichen z.B. für Textverarbeitung, Datenverwaltung etc. kennt GW-BASIC nur einen Datentyp. Der Datentyp STRING (Zeichenkette) kann jedes beliebige ASCII-Zeichen oder eine Folge von mehreren Zeichen bis zu einer maximalen Länge von 255 Zeichen speichern. Variablen dieses Typs werden durch das Dollarzeichen ($) hinter dem Variablennamen gekennzeichnet.

Variablentypen

Variablen, die jeweils nur einen Wert zur Zeit speichern können, werden als sogenannte Standardvariablen bezeichnet. Daneben gibt es die sogenannten "Arrays", in denen mehrere Werte zur Zeit gespeichert werden.

Standardvariablen

Standardvariablen könnten z.B. so aussehen:

```
10 HAUSNUMMER%= 12
35 NACHNAME$= "Bomanns"
```

Arrays werden nach ihren Dimensionen unterschieden. GW-BASIC kennt ein- und mehrdimensionale Arrays. Ein eindimensionales Array könnte z.B. so aussehen:

```
10 MONAT$(3)= "MÄRZ"
20 WERT!(15)= 12.56
```

Einfach ausgedrückt kann man sich diese Variablen als Schubladen nebeneinander vorstellen, die anhand ihrer laufenden Nummer von links nach rechts angesprochen werden.

Mehrdimensionale Arrays

Ein zweidimensionales Array könnte z.B. so aussehen:

```
10 ADRESSE$(3,1)= "Bomanns"
20 WERT!(10,2)= 78.45
```

Diese Arrays werden in der Praxis am häufigsten eingesetzt. Einfach ausgedrückt kann man sich diese Variablen wieder als Schubladen neben- und untereinander vorstellen, die anhand ihrer horizontalen und vertikalen Position im Schrank angesprochen werden. Hierbei wird zuerst immer die horizontale und dann die vertikale Position angegeben. Man spricht dabei auch von Indizierung.

GW-BASIC erlaubt auch das Anlegen von Arrays, die neben der vorgenannten Zeilen-/Spaltenorganisation" in die Tiefe gehen, also drei- oder mehrdimensional organisiert sind. Die Anzahl der Dimensionen ist hierbei abhängig vom verfügbaren Haupt-/Arbeitsspeicher.

Verarbeitung unterschiedlicher Datentypen: Wenn in einem Ausdruck unterschiedliche Datentypen verarbeitet werden sollen, so muß einer der Datentypen dem anderen angepaßt werden. Hierzu werden Konvertierungsfunktionen eingesetzt, die z.B. aus einem STRING einen INTEGER-Wert aufbereiten.

3.4 Fehlermeldungen

Die Fehlernummern und -meldungen unterteilen sich in folgende Gruppen:

```
Fehler 01 bis 30      Programm- und Syntaxfehler
Fehler 50 bis 76      Dateiverwaltung und Peripherie
```

Folgende Fehlernummern sind nicht belegt: 21, 28, 56, 59, 60, 65,78 bis 255. Hier wird ein "Unprintable Error" ausgegeben. Folgende Fehlernummern sind nicht belegt und geben je nach Version abweichende Meldungen aus:

```
Fehler 73             meistens Advanced Feature
Fehler 77             meistens Deadlock
```

Folgende Fehlermeldungen haben keine Fehlernummer:

```
"Can't continue after SHELL"
```

Wird ausgegeben, wenn nach einem ausgeführten SHELL der Programm- bzw. Datenbereich von GW-BASIC zerstört wurde. Der PC meldet sich wieder mit dem MS-DOS-Prompt.

```
"Can't run BASIC as a child from BASIC"
```

Diese Meldung erhalten Sie bei einigen Versionen, wenn Sie über SHELL den Interpreter ein weiteres Mal aufrufen wollen.

01 NEXT without FOR (NEXT ohne FOR)

Bei der Programmausführung wurde ein NEXT entdeckt, ohne daß vorher ein FOR ausgeführt wurde. Meistens tritt dieser Fehler in verschachtelten FOR...NEXT- Schleifen auf oder die Zeile mit dem dazugehörigen FOR wurde gelöscht.

02 Syntax Error (Eingabefehler)

Der Interpreter kann die Anweisung, die er ausführen soll, nicht identifizieren. Sie haben entweder das Schlüsselwort falsch geschrieben, einen ungültigen Parameter angegeben oder besondere Zeichen wie Klammern, Kommas oder Semikolons vergessen bzw. zuviel eingegeben.

03 RETURN without GOSUB (RETURN ohne GOSUB)

Bei der Programmausführung hat der Interpreter ein RETURN entdeckt, ohne daß vorher ein GOSUB dazu ausgeführt wurde. Meistens tritt dieser Fehler in verschachtelten GOSUB/RETURN-Sequenzen auf. Tragen Sie dafür Sorge, daß Ihre Unterprogramme nicht zuviele oder unkontrolliert weitere Upros aufrufen.

04 Out of data (Keine Daten mehr da)

Innerhalb einer READ...DATA/FOR...NEXT-Anweisung sollen mehr Daten in Variablen gelesen werden, als in den DATA-Zeilen vorhanden sind. Überprüfen Sie die DATA-Zeilen. Eventuell haben Sie auch per RESTORE eine falsche Zeile erwischt.

05 Illegal function call (Ungültiger Funktionsaufruf)

Wenn Sie diesem Fehler begegnen, können Sie sich ggf. auf eine etwas längere Fehlersuche einstellen, da hier diverse Möglichkeiten zur Verfügung stehen:

Die Satznummer bei GET#/PUT# für eine RANDOM-Datei ist 0 oder negativ.

USR-Befehl ohne vorheriges DEF USR.

Der Wert für eine mathematische Operation ist 0 oder negativ.

Für eine Funktion wurde ein ungültiger Parameter übergeben.

Sie haben versucht, ein Array mit einem negativen Wert zu indizieren.

06 Overflow (Überlauf)

Das Ergebnis einer Berechnung ist nicht mehr darstellbar, die Zahl also zu groß. Überprüfen Sie ggf. vorher die Argumente der Berechnung.

07 Out of memory (Nicht genug Speicher)

Hier ist entweder Ihr Programm zu groß, so daß für Variablen und STACK nicht mehr genug Speicher vorhanden ist, oder die Anweisungen sind zu verschachtelt bzw. zu kompliziert, soll heißen, Sie haben zuviel FOR...NEXT, WHILE...WEND oder GOSUB...RETURN eingebaut oder unabgeschlossen verlassen. Tragen Sie dafür Sorge, daß Upros nicht über GOTO verlassen werden, daß FOR...NEXT und WHILE...WEND-Schleifen abgeschlossen sind und Berechnungen oder Ausdrücke möglichst einfach gehalten sind. Bei umfangreichen Stringoperationen sollten Sie per FRE("") regelmäßig eine vorbeugende Garbage Collection ausführen.

08 Undefined linenumber (nicht definierte Zeilennummer)

In einer Anweisung (meistens GOTO/GOSUB) nehmen Sie bezug auf eine nicht vorhandene Zeilennummer. Überprüfen Sie den Aufruf.

09 Subscript out of range (Ungültige Indizierung)

Sie versuchen ein Array-Element anzusprechen, das entweder größer als die mit DIM vorgenommene Dimensionierung oder kleiner als die mit OPTION BASE festgelegt untere Indizierung ist. Überprüfen Sie den Aufruf.

10 Duplicate definition (Doppelte Definition)

Hier soll ein Array ein weiteres Mal mit DIM definiert werden oder ein Array, das bereits mit der Standard-Dimensionierung benutzt wurde, soll per DIM dimensioniert werden. Außerdem kann es sein, daß Sie, nachdem Arrays benutzt wurden, mit OPTION BASE arbeiten wollen. Für die Neudimensionierung löschen Sie das Array vorher mit ERASE, OPTION BASE setzen Sie am Anfang des Programmes vor allen DIMs ein.

11 Division by zero (Division durch "0")

Der Versuch, einen Wert durch 0 zu dividieren, erzeugt diesen Fehler. Nehmen Sie vorher eine Bereichsüberprüfung der Werte auf "<= 0" vor.

12 Illegal direct (Ungültiger Direktaufruf)

Sie wollen eine Anweisung im Direkt-Modus ausführen, die nur im Programm-Modus erlaubt ist. Schreiben Sie ein kleines Ausweichprogramm dafür.

13 Type mismatch (Falscher Typ)

Bei String und/oder mathematischen Operationen stimmen die verwendeten Variablen vom Typ her nicht überein. Prüfen Sie die Variablen.

14 Out of string space (Nicht genug Speicher für Strings)

Durch umfangreiche Stringoperationen und unzureichende Garbage Collection läuft der Speicher für Strings über. Minimieren Sie die Operationen und führen Sie per FRE("") öfters eine Garbage Collection durch.

15 String too long (String zu lang)

Bei Stringoperationen erzeugen Sie einen String der länger als 255 Zeichen ist. Überprüfen Sie die Operation bzw. die Inhalte der verwendeten Variablen.

16 String formula too complex (Stringoperation zu kompliziert)

Die von Ihnen geplante Stringoperation ist für den Interpreter zu kompliziert. Verteilen Sie die Operation auf mehrere kleine Operationen.

17 Can't continue (Kann nicht weitermachen)

Sie haben entweder ein CONT ohne vorheriges STOP ausgeführt oder nach einem STOP wurde das Programm bzw. Variablen-Inhalte geändert. In beiden Fällen erhalten Sie diese Meldung.

18 Undefined user function (Nicht definierte Anwenderfunktion)

Im Programm wird eine Funktion per FN oder USR aufgerufen, die vorher nicht mit DEF FN oder DEF USR definiert wurde. Holen Sie dies nach.

19 No RESUME (Kein RESUME)

Nach einem ON ERROR GOTO stellt der Interpreter fest, daß Ihre Fehlerbehandlungsroutine kein RESUME enthält. Bauen Sie eins ein.

20 RESUME without ERROR (RESUME ohne Fehler)

Im Programm wurde ein RESUME entdeckt, ohne daß vorher ein Fehler auftrat. Überprüfen Sie die Routine.

22 Missing operand (Vermisse Operanden)

Innerhalb einer Operation haben Sie den Operanden vergessen. Bauen Sie ihn ein.

23 Line buffer overflow (Eingabepuffer übergelaufen)

Sie haben im Direktmodus eine Zeile eingegeben, die länger als 255 Zeichen ist. Verkürzen Sie die Zeile oder schreiben Sie ein kleines Programm dafür.

24 Device timeout (Gerät antwortet nicht)

Die erwartete Antwort von einem Peripheriegerät ist nicht innerhalb der vorgegebenen Zeit eingetroffen. Überprüfen Sie, ob das Gerät vorhanden und eingeschaltet ist. Bei COM-Operationen können Sie mit den Parametern CS Zeit, DS Zeit und CD Zeit längere Wartezeiten vorgeben. Weiterhin können Sie über ON ERROR GOTO und IF ERR=24 THEN RESUME in gewissen Grenzen Abhilfe schaffen. Schlimmstenfalls erzeugen Sie eine Endlos-Warteschleife.

25 Device fault (Falsches Gerät)

Das angesprochene Gerät gibt es gar nicht. Überprüfen Sie den Aufruf.

26 FOR without NEXT (FOR ohne NEXT)

Für das auszuführende FOR ist im Programm kein NEXT vorhanden oder in verschachtelten FOR...NEXT-Schleifen stimmt die Schachtelung nicht. Überprüfen Sie den Programmteil.

27 Out of paper (Kein Papier mehr)

Der angeschlossene Drucker sendet den Fehlercode "out of paper". Legen Sie neues Papier ein.

29 WHILE without WEND (WHILE ohne WEND)

Im Programm taucht ein WHILE ohne dazugehöriges WEND auf. Bauen Sie eins ein.

30 WEND without WHILE (WEND ohne WHILE)

Im Programm soll ein WEND ausgeführt werden, ohne daß vorher ein WHILE ausgeführt wurde. Überprüfen Sie den Programmteil.

50 FIELD overflow (Überlauf im FIELD-Puffer)

Sie versuchen gerade das FIELD größer zu machen, als die beim OPEN angegebene Satzlänge. Überprüfen Sie die angegebenen Variablenlängen oder den LEN=Satzlänge Parameter.

51 Internal Error (interner Fehler)

Innerhalb des Interpreters ist ein Fehler aufgetaucht, den Sie nicht zu vertreten haben. Bisher ist mir dieser Fehler noch nicht untergekommen, so daß ich keine Hinweise geben kann, was dann zu tun ist.

52 Bad file number (Ungültige Dateinummer)

Hier versuchen Sie eine Datei anzusprechen, die vorher nicht mit OPEN geöffnet wurde oder die in OPEN angegebene Dateinummer liegt außerhalb der Werte 1 bis 15 oder Sie haben schon die maximal erlaubte Anzahl an Dateien geöffnet. Überprüfen Sie Ihre Eingabe bzw. den /F-Parameter beim Aufruf von GW-BASIC und den Eintrag in CONFIG.SYS.

53 File not found (Datei nicht gefunden)

Die angesprochene Datei kann nicht gefunden werden. Überprüfen Sie Laufwerk, Pfadnamen, Dateinamen und Erweiterung. Wenn das alles richtig ist, haben Sie vielleicht die falsche Disk im Laufwerk?

54 Bad file mode (Falscher Dateimodus)

Sie versuchen eine Datei nicht ihrer Bestimmung entsprechend zu benutzen, soll heißen, Sie geben ein PUT# oder GET# für eine sequentielle Datei an oder Sie versuchen vom Drucker etwas einzulesen. Überprüfen Sie den Vorgang.

55 File already open (Datei ist bereits geöffnet)

Sie versuchen eine im Zugriff stehende Dateinummer ein weiteres Mal in einem OPEN unterzubringen. Entscheiden Sie sich für eine andere Dateinummer oder schließen Sie die andere Datei vorher. Gleicher Fehler wird auch ausgegeben, wenn Sie eine geöffnete Datei mit KILL löschen oder mit NAME umbenennen wollen. In diesem Fall muß die Datei vorher geschlossen werden.

57 Device I/O-Error (Ein-/Ausgabefehler auf Gerät)

Bei der Ausgabe auf Diskette, Festplatte oder Drucker tritt ein Fehler auf. Bei Diskette ist es möglich, daß die Diskette noch nicht formatiert ist, einen Schreibschutz hat oder aus anderen Gründen nicht beschreibbar ist. Setzen Sie ggf. CHKDSK.COM ein. Bei einer Festplatte liegt Grund zur Besorgnis vor. Am besten fahren Sie das System nochmal hoch, tritt keine Änderung auf, konsultieren Sie Ihren Fachhändler. Beim Drucker ist entweder das Gerät nicht eingeschaltet bzw. selektiert oder der Drucker hat einen Fehlercode gesendet, der nicht interpretierbar ist. Überprüfen Sie das Gerät und werfen Sie eventuell einen Blick in's Druckerhandbuch bezüglich der Fehlercodes.

58 File already exists (Datei existiert bereits)

Bei einem Umbennenen mit NAME haben Sie als <neue_Dateispez> die Spezifikation einer bereits existierenden Datei angegeben. Entscheiden Sie sich für einen anderen Namen.

61 Disk full (Diskette voll)

Ihre Diskette/Festplatte ist voll. Legen Sie eine anderen Diskette ein. Bei Festplatte: räumen Sie das Ding mal auf.

62 Input past end (Eingabe nach Dateiende)

Sie versuchen aus einer sequentiellen Datei mehr auszulesen, als Sie hineingeschrieben haben. Setzen Sie hier EOF zur Überprüfung ein.

63 Bad record number (Falsche Satznummer)

Die angegebene Satznummer ist entweder 0, negativ oder größer als die maximal erlaubte Satznummer (16.777.215). Prüfen Sie den Vorgang.

64 Bad file name (Falsche Dateiname)

Der eingesetzte Dateiname enthält ungültige Zeichen oder er ist zu lang. Bezüglich der gültigen Zeichen konsultieren Sie das MS-DOS-Handbuch. Ansonsten kürzen Sie den Namen ein wenig.

66 Direct statement in file (Direkte Anweisung in der Datei)

Beim Laden eines ASCII-Files wird festgestellt, daß eine Anweisung ohne Zeilennummer enthalten ist. Der Ladevorgang wird abgebrochen. Überprüfen Sie das Programm und fügen Sie eine/mehrere Zeilennummern ein.

67 Too many files (Zu viele Dateien)

Auf der Diskette/Festplatte ist im Directory nicht mehr genug Platz für die anzulegende Datei. Wählen Sie eine andere Diskette oder ein anderens Unterverzeichnis.

68 Device unavailable (Gerät nicht vorhanden)

Bei OPEN wird versucht, die Datei auf einem nicht vorhandenen Gerät anzusprechen. Überprüfen Sie die Angaben.

69 Communication buffer overflow (Überlauf des COM-Puffers)

Der Empfangspuffer für die COM-Schnittstelle ist übergelaufen. Setzen Sie beim Aufruf von GW-BASIC mit /C:<Puffer> einen größeren Puffer, wählen Sie eine niedrigere Baudrate, wenn die eingehenden Daten nicht schnell genug verarbeitet werden können oder setzen Sie ON ERROR GOTO entsprechend ein.

70 Permission denied (Zugriffserlaubnis verweigert)

Für diesen Fehler gibt es drei Ursachen:

1. beim Zugriff auf eine Diskette wird festgestellt, daß diese schreibgeschützt ist
2. in einem Netzwerk/einer Mehrplatzanlage wird versucht eine Datei ein weiteres Mal zu öffnen, obwohl sie dafür nicht freigegeben ist
3. der Befehl UNLOCK wurde mit Parametern aufgerufen, die nicht dem vorhergegangenen LOCK entsprechen.

71 Disk not ready (Diskette nicht bereit)

Im angesprochenen Laufwerk befindet sich keine Diskette oder die Laufwerksklappe ist nicht geschlossen. Legen Sie eine Diskette ein und/oder schließen Sie die Klappe (die am Laufwerk).

72 Disk media error (Fataler Diskettenfehler)

Diese Meldung bekommen Sie, wenn der Floppycontroller Unregelmäßigkeiten während der Datenübetragung feststellt. Hierfür kann es mehrere Gründe geben:

1. Die Diskette ist mechanisch nicht einwandfrei.
2. Die Schreib-/Leseköpfe können nicht korrekt positioniert werden.
3. Die Diskette enthält defekte Sektoren.

4. Beim Lesen wurde ein Fehler festgestellt, der auf verschmutzte Schreib-/Leseköpfe schließen läßt.

Überprüfen Sie die Diskette mit CHKDSK.COM, kopieren Sie ggf. die Dateien auf eine andere Diskette und formatieren Sie die beanstandete Diskette neu. Ansonsten bitten Sie Ihren Fachhändler um Überprüfung der Hardware.

74 Rename across disks (Umbenennen über Laufwerke)

In den Dateispezifikationen für das Umbenennen haben Sie unterschiedliche Laufwerke angegeben. Korrigieren Sie dies.

75 Path/File access error (Pfad/Dateizuordnung nicht möglich)

Die angegebene Pfad/Dateispezifikation enthält einen Fehler. Überprüfen Sie die Angaben.

76 Path not found (Pfad nicht gefunden)

Der für einen Dateizugriff angegebene Pfad ist nicht korrekt. Überprüfen Sie die Angaben.

3.5 Quick-Reference

Stichwortverzeichnis

Hilfe

In der Regel klappt sie phantastisch, die Arbeit mit dem Computer. Und für Zweifelsfälle hat man ja bereits eine ansehnliche Bibliothek nützlicher Literatur. Doch immer wieder – mitten in der Arbeit – passiert es: Man sucht nach einem bestimmten Kommando. Irgendwo im Handbuch, oder stand es in einem Computermagazin... Der Arbeitsfluß ist unterbrochen. Man versucht sich zu erinnern, durchwühlt den riesigen Literaturberg, sucht einen Hinweis. HILFE. Genau die bekommen Sie von den neuen DATA BECKER Führern. Ein gezielter Griff und Sie haben die gewünschte Information. Hier finden sie umfassend alles auf einem Blick. Zu Ihrem Rechner oder auch zur entsprechenden Software. Das sind die ersten DATA BECKER Führer:

Der DATA BECKER Führer zu Turbo C

224 Seiten
DM 29,80

Der DATA BECKER Führer zu Norton Utilities

192 Seiten
DM 29,80

Der DATA BECKER Führer zu GEM

192 Seiten
DM 29,80

Der DATA BECKER Führer zu MS-DOS

192 Seiten
DM 24,80